Te necesita aunque no lo parezca

SARA DESIRÉE RUIZ

Te necesita aunque no lo parezca

Recursos prácticos para acompañar
a adolescentes a potenciar su autoestima
y construir su identidad

Grijalbo

Penguin
Random House
Grupo Editorial

Primera edición: marzo de 2023

© 2023, Sara Desirée Ruiz
© 2023, Penguin Random House Grupo Editorial, S. A. U.
Travessera de Gràcia, 47-49. 08021 Barcelona

Printed in Spain — Impreso en España

ISBN: 978-84-253-6334-4
Depósito legal: B-788-2023

Compuesto en Pleca Digital, S. L. U.

Impreso en Romanyà Valls, S. A.
La Torre de Claramunt (Barcelona)

GR 6 3 3 4 4

Que tu amor sea mayor que tu miedo
y seas la marea que levante todos los barcos

Índice

TERCERA PARTE

Las pruebas

CUARTA PARTE

La competición

La respuesta de Simone

Cuando la gran gimnasta estadounidense Simone Biles tenía diecinueve años participó en los Juegos Olímpicos de Río de Janeiro. Allí la entrevistaron y le preguntaron si esperaba convertirse en la próxima Usain Bolt o en la nueva Michael Phelps. Ella contestó con determinación: «No voy a ser la próxima Usain Bolt o la nueva Michael Phelps, voy a ser la primera Simone Biles».

Con solo diecinueve años, Simone exponía ante el mundo una de las necesidades evolutivas más importantes de la adolescencia: la defensa de la propia identidad. Con aquella respuesta estaba mandando un mensaje muy poderoso. Sin imaginárselo, nos estaba invitando a comprometernos con nuestra singularidad y a protegerla de simplificaciones.

La adolescencia es un momento de nuestro ciclo vital que nos empuja a amplificarnos al máximo. Nos impulsa a explorar y a explorarnos intensamente, a encontrarnos con todo lo que nos hace reconocernos y a sentirnos cómodas en nuestra piel. Buscamos incesantemente nuevas experiencias para crear una definición de nosotras mismas que nos permita ajustarnos al mundo en el que vivimos y nos posibilite llegar a adultas sabiendo cuál es nuestro lugar. En este proceso, sentirnos apoyadas por las personas que más nos importan es primordial. Si aprovechamos todo el potencial de esta etapa, conseguiremos orientarnos y pertenecer, es decir, sentiremos que vamos en una dirección que nos motiva y que estamos rodeadas de personas que nos comprenden y nos aportan seguridad.

Prepárate, porque en este libro vamos a abrir un gran melón. Hablaremos de uno de los temas más importantes de la adolescencia con el objetivo de que puedas acompañar a las personas adolescentes de tu vida en el proceso de construir su identidad sobre la base de una buena autoestima.

En estas páginas encontrarás información y pautas para ayudarlas a hallar su propia forma de ver el mundo, de ser y estar en él, y a comprometerse con ese descubrimiento. Las acompañarás en su camino para crear y valorar su original, no cualquier versión de ellas mismas. No una interpretación de ellas mismas en clave de supervivencia. No su mejor versión. No la versión que tú quieres de ellas. Su original. Se trata de que las acompañes en el proceso de descubrir quiénes son, de crear una autoimagen que les permita sentirse a gusto en su cuerpo y construir un futuro agradable. Que les permita vivir sin sentir que no encajan o que algo está mal en ellas.

Las ayudarás a entender lo que les pasa y a estimular su desarrollo para que puedan probar y decidir qué les interesa, las inspira, las pone en acción. Qué hay en este mundo que las impulsa a comprometerse con una forma de ser, de estar y de hacer, y a rechazar otras.

En este importantísimo proceso, que puedan desarrollar

una buena autoestima es imprescindible. La autoestima, la base de la motivación y de la autonomía, está en el corazón de la construcción de la identidad y de la prevención de los problemas de conducta y aprendizaje.

Tu papel es esencial para que las personas adolescentes de tu vida se comprometan con su original y lleguen a la vida adulta queriéndose y conociéndose al máximo. Y te supondrá un esfuerzo, pues no hay nada rápido ni sencillo cuando hablamos de los procesos humanos.

La respuesta de Simone es el resultado de una autoestima basada en el esfuerzo y el reconocimiento. Después de pasar por un centro de acogida en el que ingresó a causa de las adicciones de su madre, su abuelo materno la crio en un ambiente sencillo. Una entrenadora la descubrió mientras hacía flic-flacs en las camas elásticas de un gimnasio, y llegó a ser campeona olímpica. Su historia nos enseña que, a pesar de que el punto de partida sea desfavorable, aunque nuestros orígenes sean complejos o adversas las circunstancias, siempre podemos encontrar un camino que nos lleve a alcanzar nuestro máximo nivel. Siempre podemos conseguir nuestra medalla de oro.

También nos muestra que, para lograrlo, es importante que nos esforcemos y que haya alguien a nuestro lado que nos acompañe con una intención clara. Una persona que sepa hacia dónde dirigir la mirada, que nos mire y nos vea. Alguien que sepa qué hacer o nos ayude a decidir cuando lo que sentimos nos confunde y no encontramos los recursos necesarios para enfrentarnos a lo que nos pasa. Es clave que una persona adulta sepa vernos y quiera acompañarnos en el camino de alcanzar la adultez de la mejor manera posible.

Gracias por querer ser ese alguien para las personas adolescentes de tu vida. Gracias por ayudarlas a convertirse en las primeras de su nombre. Gracias por formar parte de la creación de su versión original. Espero que mis palabras te animen a aprender y a disfrutar durante el proceso.

La dirección importa

La primera parte del libro es introductoria. Pretende clarificar algunos conceptos para que comprendas las otras tres y sigas con seguridad las pautas que te propongo.

En ella encontrarás información básica para entender la adolescencia, descubrirás qué necesitan las personas adolescentes de las adultas que las acompañan, por qué es de vital importancia que te centres en estimular el desarrollo de una buena autoestima, y cómo la calidad de esta puede afectar a la construcción de su identidad. Los capítulos que abren el libro te pondrán en contexto y te orientarán en la dirección más favorable para realizar esa tarea.

En la segunda parte aprenderás pautas que es posible seguir a diario, acciones sencillas que puedes realizar con las personas adolescentes de tu vida y que permitirán que, de forma progresiva, aumente en ellas la confianza y la autoestima.

La tercera parte sigue la línea de la segunda, aunque en este caso las reglas que encontrarás te ayudarán a estimular la exploración y a acompañar a las personas adolescentes en la construcción de su identidad. Descubrirás que las amistades son muy importantes en este proceso, y podrás integrar nuevas estrategias para acercarte a ellas y fomentar la mejora de sus relaciones.

Finalmente, la cuarta hilvanará todas las partes anteriores para que identifiques tus objetivos en vuestra vida cotidiana y sepas en qué momentos puedes aportar algo al desarrollo de su autoestima y a la construcción de su identidad.

La primera vez que lo leas, te invito a que sigas un orden lineal para que puedas ir sumergiéndote poco a poco en el libro e integres la información de manera orgánica. Además, te recomiendo que subrayes lo que te parezca interesante, que marques las páginas que no quieras perder de vista, que escribas notas en los márgenes, si te apetece y, sobre todo, que pongas en práctica todo lo que vas a aprender. Es un libro para ser vivido que espero que forme parte de ti cuando olvides lo que has aprendido en sus páginas.

Por otro lado, aumentará y reforzará tus recursos mientras acompañas a las personas adolescentes de tu vida en el emocionante camino de convertirse en ellas mismas. Vuelve a él cuando te sientas desorientada para apoyarte en sus palabras y retomar la dirección. Rescatar el sentido de lo que hacemos, la dirección en la que nos movemos, importa. Recuerda que la meta es aportar mayor bienestar a toda la familia, y dar a las personas adolescentes de tu vida la oportunidad de que se descubran, se acepten y se quieran tal y como son.

PRIMERA PARTE

El calentamiento

Para poder acompañar en el desarrollo de
la autoestima y la construcción de la identidad,
hay que tener algunas ideas claras

Convivir con personas adolescentes puede resultar desconcertante y complicado cuando esa etapa no se comprende bien. El cambio en su actitud (que solemos percibir como repentino), sus miradas, sus expresiones, sus preferencias, sus silencios, su aparente indiferencia, el tono de sus respuestas, las trampas en las que solemos caer al recordarles constantemente sus obligaciones, al esperar que hagan cosas para las que todavía no están preparadas o al confundir sus prioridades con las nuestras, entre otras muchas, pueden provocar miedo y desorientación. Olvidar nuestro rol, con el fragor de las responsabilidades cotidianas y los desafiantes retos que se nos plantean diariamente, es fácil, más aún si no sabemos qué esperar de su desarrollo y no disponemos de recursos para hacer frente a lo que nos pasa cuando actúan como lo hacen.

Para acompañar la complejidad adolescente, es necesario entender primero la diferencia entre reaccionar y responder, entre actuar por inercia o dar una respuesta a la situación que se presenta. Reaccionar y responder tienen un impacto muy distinto en las emociones, los resultados que obtenemos y nuestra relación con quienes nos rodean. Reaccionar, es decir, actuar movida por los hilos invisibles de tus emociones, es muy peligroso si tienes adolescentes cerca. Suele ponernos a la defensiva, lo que nos lleva a dejar de escuchar, de razonar y, por lo tanto, de tratar de entender para atender lo que sucede. A causa de ello, una situación fácilmente reconducible puede convertirse en insostenible, agravar la tensión y provocar graves consecuencias.

Dejar de reaccionar ante lo que vemos en las personas adolescentes de nuestra vida es un reto en sí mismo, requiere de un esfuerzo, ya que nuestro cerebro está programado para ello con el objetivo de protegernos. Durante la adolescencia se producen muchas situaciones con el potencial de activar nuestro sistema defensivo, por lo que es más fácil reaccionar que responder. Sin embargo, dar una respuesta implica aceptar los estados emocionales, asumirlos, responsabilizarnos de los nuestros y decidir cómo encarar cada situación. Hay que ponerle empeño y lleva su tiempo, pero es la opción que más cuida del bienestar común. En los capítulos que siguen encontrarás la información necesaria para orientar tus acciones hacia la respuesta y evitar que tus emociones te vuelvan reactiva.

1

La raíz del amor propio

Los vocablos que sostienen nuestro bienestar y nos permiten disfrutar de una vida más agradable son tres: autoconcepto, autoestima e identidad. Te acompañarán durante todo el libro, y te invito a que los tengas muy presentes en el día a día de las personas adolescentes que te rodean.

En este capítulo encontrarás una propuesta de definición de estas tres palabras para que sepas a qué me refiero cuando uso cada una de ellas. Las tres son el resultado de complejos e imprescindibles procesos para convertirnos en adultas saludables. Se ha investigado y escrito mucho sobre ellas, y puedes encontrar definiciones de todo tipo. Tras muchos años siguiéndoles la pista y leyendo sobre ellas, estas son las definiciones con las que me siento más cómoda y que considero que pueden serte más útiles para acompañar en el proceso de la adolescencia.

Autoconcepto, autoestima e identidad: tres nociones que están en la raíz del amor propio y que guían nuestras acciones. Conviene entender de qué estamos hablando y por qué es tan importante respirarlas a diario.

LA SELFI QUE MÁS IMPORTA. AUTOCONCEPTO

Cuando las personas adolescentes se observan en el espejo, lo que ven va más allá del modelito, el peinado o el maquillaje que llevan. Lo hacen impulsadas por la necesidad primaria de centrarse en descubrir todas las piezas que forman parte de ellas mismas.

Su mirada trasciende el plano físico y activa el pensamiento a nivel abstracto, de modo que nutre la raíz de su amor propio. En ese espejo empieza un proceso más consciente de quererse, de reconocerse, de recolectar todas sus partes para darles sentido en un todo que, sumado a otras características, pueden llamar identidad.

El conjunto de todas esas piezas es lo que conocemos como «autoconcepto». En esa autoimagen que irán formando de ellas mismas, en ese autorretrato que trasciende sus particularidades físicas, tienen un papel protagonista sus vivencias y los mensajes de las personas importantes para ellas. Cada experiencia, cada comentario sobre ellas y sus cualidades, aportará una perspectiva más a su primera selfi, nueva información para sumar o restar a su condición de seres únicos.

Su mirada hacia ellas mismas desde el espejo es fundamental porque es la primera vez que se produce a ese nivel, y tendrá una gran relevancia en su autoestima y en la construcción de su identidad.

Esta primera selfi es la que más importa, ya que marcará su conducta e influirá en su autoestima durante la adolescencia. Empezarán por analizar sus rasgos físicos y de personalidad, todo lo relacionado con su participación y rendimiento en el centro educativo, y las peculiaridades de sus relaciones sociales. «Mi nariz es demasiado grande», «Tengo poco pecho», «Soy buena amiga», «Soy un desastre en matemáticas», «No me cuesta hacer reír a la gente» o «Se me da bien bailar» son ejemplos de cualidades que empiezan a rondarles por la cabeza y que pueden verbalizar o no, pero que analizarán hasta integrarlas en el concepto que tienen de ellas mismas o bien rechazarlas.

Tan importante es lo que se digan de sí mismas como lo que les digas tú o las personas con las que se relacionan. De ahí que, como verás más adelante, comentarios como «Eres vaga», «Escuchas una música horrible», «Menudas amigas tienes», «Deberías ser más responsable» o «No tienes personalidad, siempre haces lo que quieren las demás» no les ayudan. Cuando les dices algo de este estilo, los mensajes atraviesan su espejo y entran en el proceso de aceptación o descarte. «¿Soy vaga?», «¿No tengo gusto para la música?», «¿No sé escoger a mis amistades?» o «¿No tengo personalidad?» son mensajes que van calando, impregnan la imagen que tienen de ellas mismas y causan un gran impacto en su estado emocional. Sobre todo si los mensajes que reciben tienen características peyorativas.

Una de las situaciones más difíciles por las que han de pasar las personas adolescentes es convivir en diferentes entornos en los que juegan distintos roles y muestran diversas versiones de sí mismas. «Cuando estoy en casa, soy "la hija", y "la hija" debería ser responsable, hacer los deberes, ayudar en las tareas del hogar, cuidar de mi hermana pequeña… Si no hago lo que se supone que tiene que hacer "la hija" para que la valoren como "buena", no soy "buena hija"». «Cuando estoy con mis amigas, soy "la amiga", y "la amiga" debería ser divertida, hacer locuras de vez en cuando, dar confianza y apoyo, saber escuchar, ser leal, guardar secretos, compartir, hacer planes… Si no hago lo que "se supone" que debe hacer "la amiga" para que la consideren "buena", no soy "buena amiga"». «Cuando estoy en el instituto, soy "la alumna", y "la alumna" debería ser aplicada, preguntar, hacer trabajos, aprobar los exámenes, sacar buenas notas… Si no hago lo que "se supone" que debe hacer "la alumna" para que la consideren "buena", no soy "buena alumna"».

Cuando les decimos lo que son o lo que deberían ser, no dejamos que lo descubran. Si nos pasamos la vida mandando mensajes sobre cómo tienen que ser, cuando no hagan lo que tengan que hacer o no se comporten como se tienen que comportar, el mensaje que reciben, aunque no se lo des directamente, es que no son válidas, como verás cuando hablemos de la autoestima.

No todo es blanco o negro. «La hija» puede ser querida por su familia y no hacer lo que se espera de ella. «La amiga» puede ser muy apreciada por sus amistades sin necesidad de hacer locuras de vez en cuando. «La alumna» puede ser inteligente, aunque no apruebe. Más adelante aprenderás a huir de las generalizaciones y a ayudarlas a vivir en la complejidad de la naturaleza humana. Esta tarea empieza por acompañarlas para que se creen una imagen lo más precisa y compasiva posible de sí mismas. Cómo te relaciones con ellas, la calidad de vuestra comunicación y el ambiente que haya en casa son esenciales para que su primera selfi salga lo más enfocada posible.

Durante la infancia les has transmitido unos valores y has asentado las bases de un estilo de vida que influirá en la creación de su autoconcepto. Ese sistema de valores, esas creencias y ese estilo de vida representan a las personas adultas que formaron la familia en su momento. Una de las tareas de la adolescencia es revisar ese complejo sistema y crear uno propio a partir de él, por lo que algunos de los valores familiares se quedarán atrás durante el proceso de descarte.

Es natural que las personas adolescentes de tu vida decidan qué forma parte de ellas de lo que tú has promocionado en casa y qué no. Más adelante descubrirás qué puedes hacer cuando aparecen las primeras dudas sobre los valores familiares. Para conocerse lo máximo posible y estar a gusto en su cuerpo al llegar a la edad adulta necesitan crear su propia imagen, una que sea lo más completa y sólida posible.

La selfi más importante es la que sacan de sí mismas cuando empiezan a observar su imagen en el espejo. Su autoconcepto está en la raíz de su amor propio, y está integrado en su autoestima. Es básico ayudar a las personas adolescentes a mirar todas sus partes siendo fieles a su original para que lo que vayan descubriendo de ellas mismas nutra su autoestima y la refuerce, en vez de debilitarla.

EL VALOR QUE CREO QUE TIENE MI SELFI. AUTOESTIMA

Si el autoconcepto es el resultado de la mirada hacia todas nuestras partes y la creación de la primera selfi, la autoestima tiene que ver con cómo la evaluamos en función de diversos factores.

Uno de ellos es la aceptación social de las características de nuestro autoconcepto. Eso quiere decir que las diferentes convenciones socioculturales de nuestro entorno pueden afectar a cómo nos miramos y a cómo nos sentimos con nosotras mismas. Si en nuestra selfi aparecen muchas de las cualidades que rechazan esas convenciones socioculturales, quizá no le demos el mismo valor que a otra que contiene muchas de las que este aprecia. Por ejemplo, si tu entorno asocia tener mucho dinero a alcanzar el éxito en la vida, es probable que, si no tienes mucho dinero, sientas que no has tenido éxito. Si no dejan de recordártelo, es probable que, si asocias tener dinero a triunfar y no lo tienes, tu autoestima se resienta. Si desapruebas cada dos por tres lo que hacen y dicen las personas adolescentes de tu vida, estas perciben que su selfi no es apreciada. Si intentas que encajen en un modelo al que no se ajustan, pueden sentir que su selfi es subestimada.

Desarrollar una buena autoestima en la adolescencia es una labor muy compleja. La autoestima se crea a partir del valor que otorgamos a la apariencia, las habilidades, las relaciones, los logros, la personalidad… En la adolescencia empezamos a tomar consciencia de las reacciones del entorno hacia nuestro aspecto físico y averiguamos si las personas que nos rodean encuentran nuestra apariencia agradable o desagradable, adecuada o inadecuada.

Descubrimos si el entorno valora nuestras habilidades intelectuales, nuestro rendimiento académico y nuestra capacidad para resolver sus constantes desafíos. Nos influirá que el grupo de iguales nos rechace, si no sentimos que formamos parte de él. Si nos damos cuenta de que algo de lo que somos no es aceptado socialmente, quizá creamos que nada de lo que somos lo es. De la misma forma, también puede afectarnos cómo percibimos los rasgos de nuestra personalidad, si nos gustan o no, y cómo los ve nuestro entorno.

Durante el proceso de descarte nos preguntamos si gustamos, si somos personas que pueden considerarse «buenas» estudiantes, si en el instituto somos populares y se nos aprecia, si sentimos que nuestras amistades nos buscan y nos tienen en cuenta, si nuestra familia nos acepta como somos… Todo eso se condensa en una valoración que, a su vez, se transforma en una actitud hacia nosotras mismas y hacia la vida que guía nuestras actitudes y decisiones.

Además, la autoestima tiene la habilidad de cambiar de forma drástica en función del entorno. Simone podía sentirse capaz de todo en el gimnasio, pero en el instituto no encontraba su sitio; pertenecía a un grupo de quien ella dice que «no eran nadie». Eso significa que las personas adolescentes de tu vida pueden dar muestras de una buena autoestima cuando están con sus amistades, pero manifestar una falta de ella en casa, contigo.

Se pasan el día recibiendo mensajes sobre ellas y volviendo la mirada hacia ellas mismas en un proceso introspectivo para tratar de pertenecer y ajustarse a su entorno. Esas afirmaciones tienen el poder de orientarlas hacia una vida agradable o desagradable. «Dicen que me desenvuelvo bien en el instituto, mi clase me acepta, mis profes afirman que soy inteligente, apruebo con buena nota…». Todos estos mensajes favorecerán una buena autoestima, aumentarán la motivación y el compromiso y permitirán que se sostengan durante todo el periodo académico.

«Dicen que se me da mal estudiar, que soy vaga, en clase me tachan de que siempre la lío, mis profes creen que no me esfuerzo, suspendo...». «Siento que no me aprecian en el instituto, para mi familia soy una decepción, en el fútbol siempre me dejan en el banquillo, la persona que me gusta me rechaza...». Esos mensajes no fomentan una buena autoestima durante la adolescencia y provocan un malestar emocional que puede afectar a su manera de relacionarse, de regular las emociones, de tomar decisiones, aumentar los conflictos en casa y fuera de ella...

«Mi padre no me habla, mi madre dice que no soy responsable, mi hermana siempre lo hace todo bien, nunca tienen en cuenta mi opinión, no se valora nada de lo que me gusta... Esos mensajes pueden influir en cómo me relaciono, generarme ansiedad, empujarme a pasar tiempo fuera de casa, a hacer algo que no me conviene para sentirme mejor... Si me dicen que soy torpe, que soy lenta, que estoy demasiado gorda o demasiado flaca o que soy demasiado alta o demasiado baja, esos mensajes pueden afectar al valor que doy a mi cuerpo y hacerme sentir vergüenza cuando hago deporte o bailo. Puedo creer que la actividad física no se me da bien, quizá dificulten que me sienta a gusto con la ropa que llevo, que me relacione con seguridad, que muestre mi cuerpo en la playa o en la piscina, pueden estresarme...».

La autoestima es el resultado del proceso que se inicia en nuestro interior cuando sentimos el peso de la mirada del mundo y añadimos la mirada adolescente, que aún no puede entender que somos válidas y suficientes por el mero hecho de existir. Ellas aún no saben apreciarlo, así que si no pones en valor lo que hacen las personas adolescentes de tu vida —y cómo lo hacen—, si no identificas y verbalizas aquello por lo que deberían sentirse orgullosas de ellas mismas y solo destacas lo que las avergüenza, acaban creyendo que su selfi no es apreciada.

Si piensan que su selfi no encaja en el álbum de fotos familiar, su autoestima puede verse afectada. Si siempre las comparas con otras personas de las que dices que son modelos a los que hay que imitar, no las ayudas. Si hablas de su hermana Candela como una triunfadora (aunque no uses esa palabra) porque ha acabado secundaria con matrícula de honor y a ellas les cuesta aprobar, puede que sientan que su selfi no es valorada. Si tienes un ideal muy claro de lo que deberían ser las personas adolescentes de tu vida, lo verbalizas a cada instante y ellas distan de ese ideal, quizá su autoestima se resienta. Si haces todo eso, es posible que se convenzan de que no son lo que esperabas y, por consiguiente, que su autoestima se debilite.

Si has leído algo que haces o dices —o has hecho o dicho alguna vez—, tómate un momento para respirar sin culpa ni drama, con responsabilidad y compasión hacia ti misma. Respira hondo y sigue adelante.

En esta etapa, las personas adolescentes son más conscientes de sí mismas de lo que lo serán el resto de su vida, y sentirse rechazadas por su forma de pensar, sentir o hacer algo supone un reto para el desarrollo de su autoestima, que ya es inestable de por sí. Si piensan que no son válidas, pueden sentirse mal, y a mayor malestar emocional, mayores serán las conductas de riesgo. Por eso es tan importante que nuestra mirada se renueve a diario. Que cada día estés a su lado y observes atenta la construcción de su selfi y la valoración que hacen de ella con una mirada lo más libre de juicios posible. Así podrás dar respuestas rigurosas a las alteraciones de su percepción. Si descubres, por ejemplo, que cada vez que se miran al espejo se fijan en su «nariz demasiado grande», podrás ayudarlas a cambiar la imagen que tienen de ellas mismas y conseguir que se centren en su bonito pelo o en sus preciosos ojos, además de facilitarles una estrategia para contrarrestar esa voz temblorosa e insegura que las empuja a buscar en ellas a alguien que no son. Así podrás contribuir a construir esa otra voz, acogedora y firme, que las acepta y las invita a mejorar sin maltratarse.

Puede que Simone pensase alguna vez que su metro cuarenta y dos de estatura no fuese suficiente, y quizá esa voz apareciese para recordarle que su metro y medio, como ella prefiere expresarlo, no eclipsaba sus cualidades para la gimnasia. Ver la selfi con perspectiva y la mayor rigurosidad posible ayuda a construir una autoestima más saludable, como verás más adelante.

En la adolescencia, además de ser inestable, la autoestima no es justa ni lógica, y tiende a ponernos a la defensiva cuando se ve amenazada. Que puedas reconocer todas las cualidades maravillosas de las personas adolescentes de tu vida no hace que ellas las identifiquen. Que verbalices constantemente que son inteligentes, simpáticas y leales y des mucho valor a esas cualidades, no se traduce en un aumento inmediato de su autoestima. Más adelante aprenderás a alcanzar ese objetivo de otra manera.

La autoestima puede cambiar a lo largo de nuestra vida, no es estática. Tener una mala autoestima hoy no nos impide conseguir una buena dentro de unos meses. Todo dependerá de lo que pase en ese tiempo y de cómo lo afrontemos. Para que las personas adolescentes desarrollen una buena autoestima, es imprescindible que aprendan a quererse y a aceptarse como son, que se sientan capaces y tengan la oportunidad de enfrentarse a los retos que les propone la vida, que puedan desarrollar la confianza en sí mismas y que se sientan reconocidas, respetadas, aceptadas y queridas por sus relaciones.

En ese proceso tan complejo de construir su autoestima, examinarán su cuerpo, sus cualidades, sus resultados académicos o sus relaciones sociales, entre otras, y combinarán su opinión con la que tienen de ellas las personas importantes de su vida, para pasar su selfi por el filtro de lo que la cultura y la sociedad en la que viven valoran como adecuado. De todo ese complejo proceso, que incluye la creación de su autoconcepto, nacerá su autoestima: una valoración general de ellas mismas y de lo que hacen que guiará lo que piensen y lo que se digan a sí mismas. Como su autoconcepto forma parte de su autoestima, a partir de ahora me referiré a esta última entendiendo que también contiene su primera selfi. La calidad de esa autoestima inicial afectará a sus emociones y a las decisiones que tomen, al menos durante la primera parte de su vida como jóvenes adultas.

Lo que no se aprecia en mi primera selfi
pero también forma parte de mí. Identidad

Con una idea de sí mismas y una valoración sobre ellas, las personas adolescentes se enfrentan a uno de los retos más complejos: la construcción de la propia identidad. La autoimagen que estén creando y la calidad de la autoestima que estén desarrollando tendrán una gran importancia en este proceso: de ellas dependerán el desarrollo de su autonomía y la seguridad con la que se presenten ante el mundo. La identidad es un compromiso que adquirimos con nosotras mismas después de la exploración del mundo en el que vivimos. Ese compromiso va más allá de lo que sale en nuestra selfi o de cómo la valoremos. Sin embargo, para salir del entorno acogedor de la familia y plantarnos ante el resto de la humanidad como individuos, necesitamos que tanto nuestra selfi como su valoración estén lo más enfocadas e iluminadas posible.

Si tenemos una autoimagen ajustada de nosotras mismas y hemos podido desarrollar una buena autoestima, nos relacionaremos mejor, podremos explorar con seguridad el mundo exterior, autoprotegernos y descubrir nuestros intereses. Si disponemos de un entorno seguro en casa que nos impulsa a salir a encontrarnos con lo que hay fuera de ella, nos da apoyo cuando lo que encontramos no nos hace sentir bien y nos ayuda a crear nuevas oportunidades de encuentro, ese compromiso se producirá de forma más orgánica y coherente.

El acuerdo al que llegamos con nosotras mismas nos permite seguir una dirección con la que nos sentimos cómodas, respaldadas y acompañadas por las personas importantes de nuestra vida. Para encontrar nuestra identidad y comprometernos con ella, revisamos nuestras características familiares, nuestra situación socioeconómica, nuestra cultura, las particularidades del país en el que vivimos, el género con el que nos identificamos, nuestra orientación sexual, nuestra vocación (si la tenemos), los valores que nos representan, la ideología que nos mueve, las personas con las que nos sentimos cómodas, el aspecto físico con el que nos encontramos mejor... Para revisar todos estos aspectos es importante tener la oportunidad de salir al mundo con asiduidad y vivir distintas experiencias. Así podremos ver qué nos funciona y qué no.

Las personas adolescentes de tu vida necesitan recibir estímulos distintos y variados, relacionarse con personas distintas y variadas, encontrarse en la necesidad de hacer las cosas por sí mismas, tomar sus propias decisiones, probar, equivocarse y prescindir de lo que no es para ellas. Requieren variedad y diversidad para encontrar lo que resuena en su interior y lo que las hace sentirse más cómodas en su cuerpo. En este momento, rescatan una parte de su infancia y otra la dejan atrás. Están integrando lo antiguo en un mundo nuevo con un objetivo diferente, y no todo encajará. Algunos de tus valores imprescindibles puede que no lo sean para ellas. Es un proceso natural. Quizá para Simone no fuese tan importante esforzarse en los estudios como en la gimnasia, porque allí veía los resultados de su esfuerzo y se sentía ella misma, pero a lo mejor para su familia era más importante que se esforzase en los estudios que no que desarrollase sus habilidades como gimnasta. Quizá algunos de los valores que adoptó y la guían difieran de los que aprendió durante los primeros años con su familia.

Algunas personas adolescentes se comprometen con ellas mismas y crean su identidad en torno a la de sus familias. No han tenido la oportunidad o la necesidad de explorar, y siguen la estela familiar: adoptan sus valores como propios y reproducen sus roles. Pueden tener una vida agradable a pesar de no haber explorado, o instalarse en el conformismo y sentir malestar, no disfrutar de una buena autoestima, descubrir en su vida adulta lo que las hace sentirse bien con ellas mismas y cambiar de forma radical a una edad avanzada.

Todas conocemos a alguien —quizá tú misma lo hayas experimentado— que, superados los cuarenta, ha decidido cambiar y dar un salto a otra parcela de su vida a la que no había dedicado atención o ni siquiera sabía que existía. A algunas personas adolescentes les cuesta explorar, y esta etapa se alarga durante sus primeros años como jóvenes adultas. Necesitan más tiempo para descubrir qué las hace sentirse ellas mismas, y prueban hasta que lo encuentran. Otras, en apariencia, no llegan a comprometerse con nada y pasan de un lugar a otro sin identificarse con lo que visitan, sin llevarse nada de allí, sin que nada de lo que encuentran perdure en ellas. ¿Cuál de ellas fuiste tú? ¿Adoptaste las señas de identidad de tu familia? ¿Te costó encontrarte y comprometerte con algo? ¿Te encontraste y te comprometiste enseguida? ¿Nunca te has encontrado?

Lo ideal es que las personas adolescentes vivan una cantidad suficiente de experiencias como para comprometerse con aquellos descubrimientos que encajen en su mundo, sea como sea y les lleve el tiempo que les lleve. En esa exploración se producirán momentos de confusión y contradicciones que forman parte del proceso. Las adolescentes capaces de comprometerse con todas esas particularidades que se han ajustado a ellas, que las hacen ser quienes son y encontrar un camino propio, suelen ser más autónomas y disfrutar de una mejor autoestima durante su vida adulta.

Sentirnos nosotras mismas, las primeras de nuestro nombre y únicas en el mundo implica que nos reconocemos y que somos reconocidas como seres singulares por quienes forman parte de nuestra vida, además de que nos quieren como somos. Así de importante es para el resto de nuestra vida tener la posibilidad de llevar a cabo las tareas evolutivas de la adolescencia de la mejor forma posible. Cuantos más recursos tengamos a nuestra disposición y más oportunidades de buscar y probar, mejor podremos completar nuestra misión en este momento del ciclo vital.

Nuestra identidad, pues, es todo lo que forma parte de nosotras, pero no sale en nuestra primera selfi, aunque quizá haya influido en ella. La identidad de las personas adolescentes de tu vida será, igual que sucedió con la tuya, la combinación de cultura, familia, situación socioeconómica, lengua, sexualidad, sus relaciones más estrechas, con las que se identifican, los valores e ideales que las mueven, la personalidad, el carácter, las experiencias que vivan en todos los entornos en los que se mueven, el autoconcepto y la autoestima, entre otros.

En este libro aprenderás a acompañarlas durante este proceso tan intenso sin poner obstáculos en su camino, disfrutando al descubrir cada día un poquito más de ellas. Detente un instante y respira la maravilla que supone estar a su lado en un momento de su desarrollo tan potente, contemplar a las personas en las que se están convirtiendo y tener la posibilidad de aportar tu ayuda para que lo hagan de forma segura.

2

La realidad adolescente

Las personas adolescentes viven en un mundo tremendamente complejo de continuos cambios y experiencias. Varía su forma de percibir el cuerpo, de sentir, de pensar y de relacionarse. En todos esos cambios, su cerebro tiene un papel muy importante porque se encuentra en un momento de desarrollo muy complejo.

Muchas de las acciones de las personas adolescentes de tu vida son consecuencia de los diferentes procesos por los que pasa su cerebro. Por ese motivo, uno de los mantras que te invito a utilizar para desarrollar la paciencia —tan necesaria para educar acompañando— es «No es personal, es cerebral». Mucho de lo que van a hacer o decir las personas adolescentes de tu vida no lo hacen o dicen para fastidiarte, para hacerte daño o para tomarte el pelo. Mucho de lo que dicen o hacen ni siquiera quieren hacerlo o decirlo, pero no pueden evitarlo porque la parte de su cerebro encargada de las emociones las impulsa a ello, y la responsable de controlar lo que hacen aún no puede evitarlo.

La realidad adolescente es la transformación. Por lo tanto, no es estable o predecible. Toda transformación implica que debemos despojarnos de algo para convertirnos en otra cosa. Para evolucionar. En ese espacio entre lo que somos y lo que seremos se abre un abismo de incertidumbre. Es un momento de nuestro ciclo vital en el que nos movemos de un lugar a otro sin suficientes recursos personales para enfrentarnos a lo que nos vamos a encontrar por el camino. Sin saber si la dirección que estamos tomando nos hará sentir bien. Sin entender qué supone tomar una decisión u otra.

Esa transición, ese movimiento constante de búsqueda, implica la necesidad de conocer nuevos caminos y analizar nuevas direcciones, por lo que existe un enorme riesgo de desorientación que provoca una situación de gran vulnerabilidad. En este proceso pueden aparecer nuevos miedos, dudas, sentimientos de soledad o incomprensión, expectativas, frustración, deseos… De ahí la necesidad de acompañar a las personas adolescentes para prevenir y atender las consecuencias de este estado de desorientación y vulnerabilidad.

Se enfrentan a uno de los momentos más importantes de su vida sin haber desarrollado todas las funciones de su cerebro para tomar decisiones razonadas, con las emociones muy presentes, la necesidad de alejarse del entorno seguro de la familia y al mismo tiempo de sentirse protegidas por ella, el apremio por pertenecer a un grupo y ser reconocidas como individuos, la aparición de las hormonas sexuales que provocan sensaciones desconocidas, las exigencias del sistema educativo orientado a la productividad en lugar de favorecer su desarrollo y sin la complicidad de la sociedad, que aún no acaba de entender esta etapa y la desatiende.

En esa realidad cambiante, zarandeadas por millones de

estímulos diarios producto de la enorme transformación que experimentan y que ponen en jaque su autocontrol, con una autoestima inestable y recibiendo impactos constantes, las personas adolescentes tienen que realizar dos tareas evolutivas imprescindibles: la exploración y la construcción de su identidad y la exploración y el desarrollo de su autonomía.

Ambas incluyen la necesidad de relacionarse con sus iguales, con quienes están en el mismo momento de desarrollo que ellas. En esta etapa de gran fragilidad, se presentan ante el mundo a pelo. Dan el salto de un entorno cuidador y acogedor (la familia) a uno desafiante y hostil (el mundo en el que vivimos), con el efecto centrifugador de la mirada adulta, que aprueba o condena sus primeras decisiones como individuos. Este nuevo escenario social es muy exigente y siempre las sitúa en la tesitura de posicionarse, desmarcarse, significarse, escoger, defenderse, aceptar, rechazar, ser aceptadas, ser rechazadas.

Sienten que cada elección las acerca o las aleja de la aceptación del grupo, de la de su familia o de otras personas adultas de referencia, lo que conlleva una gran presión y les genera estrés. Las que disponen de una buena autoestima y una buena relación con su familia regulan mejor el estrés, toman decisiones menos arriesgadas y se relacionan mejor con sus iguales. Las que no cuentan con una relación segura de su familia, no disponen de otras personas adultas de referencia y tienen dañada su autoestima, llevan peor el estrés y pueden tomar decisiones más arriesgadas. Por eso es tan importante que podamos ayudarlas en esa tarea. En medio de esa gran transformación, la autoestima suele recibir impactos constantes del entorno, y mantenerla sana no es fácil.

Como la autoestima está en la base de la construcción de la identidad y la exploración de la autonomía, es urgente que nos ocupemos de aumentar la confianza en ellas mismas. Es el objetivo más importante de las personas adultas que acompañamos a la adolescencia. Para que puedas alcanzarlo con seguridad, en la segunda parte del libro te daré pautas prácticas que serás capaz de incorporar en tu día a día.

3

La relación que educa

En el viaje que empiezas con esta lectura descubrirás que el recurso más importante para ayudar a quererse y conocerse a las personas adolescentes de tu vida eres tú. Quién eres y las relaciones que seas capaz de crear y nutrir serán fundamentales para acompañarlas en el emocionante proceso de convertirse en ellas mismas, valorarse y encontrar algo con lo que comprometerse y por lo que esforzarse, que llene sus días de sentido.

La relación que mantengas contigo y con las demás personas les enviará unos mensajes que ellas analizarán e incorporarán a su forma de pensar, de sentir o de hacer. La relación que mantengas con ellas te ofrecerá la oportunidad de darles perspectiva sobre aquellas conductas, situaciones o personas que estén impactando de forma poco saludable en su autoestima y en la construcción de su identidad.

Deberás ser consciente de cómo te posicionas cuando cometen un error, cómo las orientas en su toma de decisiones, cómo atiendes su estado emocional, qué estrategias usas para ponerles límites, con qué habilidad te relacionas con sus amistades, cuál es tu nivel de pericia para detectar cómo se hablan, qué capacidad tienes para escuchar lo que es importante para ellas...

Y como en la relación que educa son esenciales todas las personas que forman parte de ella, también tendrás que saber cómo te relacionas contigo cuando cometes un error, cómo tomas decisiones, cómo te ocupas de tu estado emocional, cuáles son tus estrategias para marcar límites, cuáles son tus habilidades para relacionarte con tus amistades y con el resto de las personas de tu vida, cómo te hablas, cómo escuchas a las demás personas, cómo te escuchas...

Para facilitarte la tarea, mis palabras intentarán que te pongas en acción a medida que avances capítulo a capítulo. Te sugiero que busques un cuaderno bonito que acompañe tus momentos de lectura. En él podrás registrar todo lo necesario para aprovechar al máximo lo que irás encontrando en el libro. De esta forma tus descubrimientos serán más intensos y tus aprendizajes, más efectivos.

Cuando educamos acompañando es importante reflexionar sobre lo que hacemos y lo que ha sucedido después. Esto nos permite identificar lo que no ha funcionado y nos da la oportunidad de encontrar alternativas que generen cambios. Educar es artesanal y conlleva un proceso constante de introspección en el que nos planteamos preguntas para encontrar respuestas que nos permitan avanzar y mejorar.

La relación que educa es horizontal: ambas personas aprenden, y la que tiene más experiencia pone su mirada y su intención al servicio de la menos experimentada para identificar lo que no funciona. El objetivo es acompañar a quien aprende para que descubra y reconozca qué aspectos fallan, además de ayudarle a encontrar la mejora necesaria para cambiar la situación por ella misma. Es una relación que deja espacio, no juzga, escucha, observa y analiza la situación. Se centra en la solución y pone el foco en la conducta, en lo que hacemos, no en lo que somos. No aconseja, enseña, guía o dirige. Es una relación que hace pensar y nos anima a ponernos en acción tras reflexionar.

Espero que al llegar a la última página del libro hayas reflexionado mucho y te hayas planteado las suficientes preguntas para detectar lo que puede estar impidiendo que las personas adolescentes de tu vida desarrollen una buena autoestima. También deseo que al final descubras recursos útiles para ayudarlas a potenciarla. Ojalá la lectura te inspire a esforzarte para que puedan valorarse lo mejor posible, además de que te anime a estimular la exploración y la construcción de su identidad. Eres muy importante en ambos procesos, así que aprovecha la oportunidad de contribuir. En este momento de transformación, creación y valoración de su selfi, ocupas una posición privilegiada. Confío en ayudarte a disfrutar de la experiencia mientras las acompañas a convertirse en quienes son y pueden llegar a ser.

4

La mano amiga, el corazón y su canción

Gabriel García Márquez dijo que la amistad te toma de la mano y te toca el corazón. Juan Ramón Ribeyro afirmó que la amistad conoce la canción de tu corazón y puede cantarla cuando se te olvida la letra. Durante la adolescencia aparecen personas que nos tocan el corazón de una forma muy distinta a lo que hemos sentido hasta ese momento. Por primera vez, notamos de forma intensa la presencia de gente que nos toma de la mano y nos conmueve, y por primera vez le permitimos escuchar la canción de nuestro corazón, oímos la suya y compartimos con ella esos momentos de intimidad iniciales. Aunque nos acerquemos a esas personas por intereses compartidos, lo que hace que nos quedemos a su lado es esa nueva sensación de intimidad y el apoyo que nos brindan. Al tiempo que nos atrapa, esa intimidad puede despertar nuestra vulnerabilidad y provocar que nos sintamos inseguras.

Seguro que recuerdas a algunas de las personas que te dieron la mano por primera vez, que te tocaron el corazón, que se aprendieron tu canción y a quienes les cantaste la suya en momentos difíciles, en aquellos que te hicieron sentir vulnerable. Las que miraste a los ojos y con ellas sentiste una conexión nueva e inesperada que en ese instante no podías explicar. Piensa en algunas de ellas: ¿siguen en tu vida? Quizá no teníais demasiado en común, o sí, pero oíste su canción y ellas escucharon la tuya, al menos durante un tiempo. De algunas seguro que todavía podrías tararear la melodía. ¿Cuáles de las experiencias que viviste con ellas te hicieron ser como eres?

El impacto del grupo de iguales y de las amistades es fundamental en el desarrollo de la autoestima y la construcción de la identidad. La gente con la que se relacionan las personas adolescentes de tu vida puede sumar o restar a su desarrollo en función de cómo las tome de la mano, les toque el corazón y escuche su canción. Puede impactar en su autoestima y orientar la exploración de su identidad de una manera muy significativa. Por eso es tan importante que llegues hasta ellas y consigas que formen parte de vuestro día a día, además de que identifiques los grupos a los que pertenecen.

Es probable que durante esta etapa las personas adolescentes de tu vida entren en contacto con uno o varios grupos, y en ellos existirán unos valores que guiarán sus acciones. Si los conoces, podrás contribuir a definirlos y prevenir riesgos. En esos grupos aprendemos cómo funciona la sociedad, cómo es el mundo, exploramos nuestra identidad, desarrollamos relaciones de amistad muy intensas, probamos algo por primera vez, reaccionamos como nunca antes... Quienes integran esos grupos también son personas adolescentes de tu vida, así que te conviene establecer un vínculo con ellas para observar lo que no funciona en sus relaciones y ayudarlas a mejorar.

Es importante que puedas cooperar para que realicen sus planes, mostrarte disponible para ellas, proponerles actividades que les interesen, hacerlas reflexionar sobre lo que hacen para ayudarlas a tomar perspectiva en los momentos de mayor intensidad emocional y orientar su toma de decisiones. La influencia que ejercen sus iguales y amistades también aparece en esa primera selfi, aunque a primera vista no se aprecie, así que conviene estar muy atentas a esa parte tan importante de su vida y ponernos a su favor.

Las amistades son los primeros compromisos que establecemos con quienes escogemos. Con ellas sentimos el impulso inicial de satisfacer las necesidades de otras personas. Con ellas exploramos nuestra autonomía, adquirimos valores distintos a los de nuestra familia, expandimos nuestro mundo y vivimos las primeras experiencias de intimidad. Están en el mismo momento de desarrollo que nosotras y nos ofrecen un marco para practicar y desarrollar nuestras habilidades sociales; explorar, reconocer y regular nuestras emociones, y transferirlas a nuestros comportamientos; aprender a resolver conflictos; planificar y tomar decisiones de manera conjunta…

Al estar en contacto con nuestras iguales y amistades empezamos a sentirnos, por vez primera, nosotras mismas. Junto a sus relaciones, las personas adolescentes de tu vida comienzan a adoptar las perspectivas y actitudes de las demás, a probar si se sienten bien en su cuerpo. Con esas nuevas configuraciones aumenta su capacidad para resolver conflictos. Estas personas que nos tienden y a quienes tendemos la mano, que nos tocan el corazón y con quienes sentimos una conexión indescriptible, nos ayudan a realizar muchas tareas necesarias para nuestro desarrollo, entre ellas, a adaptar nuestra conducta al entorno, aunque también pueden influir en lo que hacemos y provocarnos todo lo contrario. Por eso es fundamental que las conozcamos y que tengamos la posibilidad de observar cómo se relacionan y de acompañar lo que va sucediendo en ellas para que puedan elaborar las diferentes experiencias que viven y extraer aprendizajes de ellas.

La amistad es esencial no solo en la adolescencia para enfrentarnos a los diferentes momentos —agradables y desagradables— que nos plantea la vida. Tejer una buena red social de apoyo permite cubrir muchas de las necesidades que en esta etapa son más importantes que nunca: ser aceptadas y sentirnos queridas, apoyadas y acompañadas por otras personas ajenas a nuestra familia.

Hasta ahora, las personas adolescentes no habían pensado de forma compleja sobre ellas mismas y sobre sus relaciones, no habían escuchado otras canciones, no habían encontrado en ellas esas notas ni habían vibrado en la misma onda con sus melodías. No habían oído su eco en el silencio de su dormitorio. Pueden ser relaciones inestables, llenas de altibajos, emociones intensas y confusión, así que debes estar muy atenta a su calidad.

Vivirán muchos momentos en los que tocarán su corazón sin cuidado. Sus amistades también son adolescentes y, como ellas, están aprendiendo. Recuerda que todas son personas adolescentes de tu vida. Tu primer instinto para protegerlas puede ser alejar a quien les hace daño. Detente a pensar si eso las hace más autónomas o más dependientes de ti. Para ayudarlas a lidiar con lo que se irán encontrando en sus relaciones, necesitas dejar que resuelvan la situación por ellas mismas. Te será útil posicionarte a favor de resolver el conflicto, no de romper la relación a la primera de cambio ni de criticar a la persona con la que lo tienen. Para ello, te recomiendo que las ayudes a reflexionar sobre lo que ha pasado y que te quedes a su lado mientras plantean sus diferentes opciones para solventar la situación.

Si observas que con una de sus relaciones mantienen conflictos continuos, existe un gran nivel de competitividad o les cuesta ponerse de acuerdo, quizá esa persona no esté proporcionando el apoyo necesario ni esté cubriendo la necesidad de intimidad imprescindible de esta etapa. En lugar de zanjar la relación, es importante darles la oportunidad de desarrollar las habilidades necesarias para que puedan enfrentarse al conflicto antes de que la amistad desaparezca, y ayudarlas a ver si, a pesar de haberse esforzado en encontrar una solución, la relación no puede continuar.

De esos procesos, su autoestima sale reforzada. Sin embargo, si abandonan todas sus relaciones en los momentos difíciles y evitan enfrentarse a sus problemas, es posible que pierdan la oportunidad de conseguir amistades más estables y que desarrollen conexiones superficiales que, a la larga, no las ayudarán a cubrir la necesidad de apoyo, sino que crearán una sensación de soledad y desamparo. Siempre tendrán conflictos; si estos no son constantes, pueden aportar mucho a su desarrollo. Más adelante te ofreceré algunas pautas para acompañar sus relaciones para que aporten y desarrollen su autoestima, además de construir su identidad para que puedas ponerte a ello cuanto antes. Como ves, sus iguales son esenciales en estos procesos.

Las amistades de esta etapa les permitirán sentar una base segura para interaccionar en el futuro con las demás personas y compartir sus emociones, ideas y opiniones. Las personas adolescentes que tienen amistades suelen cooperar más y tener menos dificultades con la gente, suelen ser más competentes socialmente y disfrutar de una mejor autoestima. De la misma manera, tener una buena autoestima también facilita que nos relacionemos mejor, que iniciemos relaciones y las mantengamos con facilidad. La mano amiga que nos toca el corazón, conoce la letra de nuestra canción y la canta cuando no podemos, nos ayuda a querernos, valorarnos y cuidarnos. Dales la posibilidad de encontrarse con ella.

5

La misión de la familia

Si la misión principal de la mano amiga es, entre otras, cubrir la necesidad de intimidad, la de la familia es ofrecer seguridad y orientación, dos puntos esenciales para desarrollar una buena autoestima. Las personas adultas que estamos a su alrededor tenemos la importante misión de quedarnos a su lado sin invadir su espacio para asegurarnos de que efectúan las tareas evolutivas de esta etapa con la mayor seguridad posible.

Tu propósito es transmitir amor, ayudarlas a encontrar sus opciones y a entender algunos límites con el objetivo de proporcionar la estabilidad suficiente para que salgan al mundo con la mayor confianza posible. Esta misión puede parecer incómoda, ingrata o solitaria, pero es imprescindible y tiene fecha de caducidad. Cuando la etapa pase, también cesarán sus demandas, y entonces quedará lo que hayamos construido durante el trayecto.

Nuestra misión principal es lograr que sientan que, pase lo que pase, pueden volver a casa y que allí encontrarán apoyo y orientación para resolver las situaciones que se les planteen fuera. Es primordial ofrecerles un lugar de referencia donde puedan aclararse en momentos de confusión y en el que se sientan queridas y aceptadas, independientemente de lo que suceda.

Como verás, la relación que tengas con ellas en esta etapa influirá e impactará en su autoestima, en la construcción de su identidad y en su capacidad para adaptarse a su entorno tanto como las relaciones que mantienen con sus amistades. Si sienten que su casa es un espacio seguro para ellas, donde viven personas adultas que les muestran aprecio y las ayudan a encontrar respuestas, es más probable que desarrollen una mejor autoestima, que puedan poner límites a lo que no les gusta o no les siente bien fuera y que sean capaces de transitar por su malestar emocional. El apoyo que reciban de ti puede contribuir a que den pasos más seguros fuera de casa.

Hoy ya sabemos que, durante la adolescencia, la relación que mantenemos con nuestra madre, con nuestro padre o con las personas adultas de referencia es determinante para alcanzar la satisfacción vital. Somos conscientes de que su sensación de bienestar mejora si perciben que son queridas por ellas, si reciben el apoyo que necesitan, si las ayudan a encontrarse mejor y a superar los diversos estados emocionales por los que pasan y son comprendidas cuando plantean sus inquietudes. La misión de la familia en esta etapa es proveer de ese apoyo, sostén y comprensión para mejorar el estado de ánimo, la conducta, la adaptación al sistema educativo, la mejora del rendimiento académico y la estabilidad de sus relaciones.

6

La acción lleva al cambio

La relación que mantienes contigo misma se muestra en cómo piensas, dices y haces las cosas a diario. En lo que decides decir y hacer, pero también en lo que dices y haces sin decidirlo de forma consciente. Tu autoestima, los rasgos de tu personalidad y todo lo que supone tu identidad se exponen constantemente en tu vida cotidiana y orientan todas tus acciones. Por lo tanto, las personas adolescentes que te rodean reciben día a día las ondas expansivas de tu autoestima, de tu personalidad, de tu identidad, seas consciente de ellas o no, lo hayas decidido o no. Por eso es tan importante que te plantees algunas preguntas antes de seguir adelante. Las respuestas te ayudarán a descubrir tu nivel de consciencia sobre tu relación contigo misma y con las demás personas, y los mensajes que pueden estar impactando en las personas adolescentes de tu vida.

Conocerte un poco mejor te permitirá identificar tus limitaciones para mejorarlas, si quieres, y, por consiguiente, también tu vida y el acompañamiento que le des a la etapa. Puede costarte encontrar las respuestas a algunas de las preguntas, pero es importante que durante este capítulo te detengas a descubrirlas o, al menos, a reflexionar sobre ellas. Te invito a que hagas este ejercicio de la forma más consciente posible, busques un lugar en el que estés cómoda y dediques el tiempo que necesites para hacerlo.

Quizá creas que hacer ahora este ejercicio entorpece la lectura, pero recuerda que pretendo ponerte en acción para que generes un cambio, para que transformes la realidad y observes los resultados de tu esfuerzo tras actuar de una forma diferente. No puede haber cambio si no hay acción. Este libro no tiene sentido si sus palabras no traspasan el papel y se convierten en parte de ti, en el motor de tus acciones. Si no haces nada distinto, todo seguirá ocurriendo del mismo modo. No todo el libro es tan interactivo, solo algunos capítulos, pero es muy importante que este lo sea para seguir adelante.

Dicho esto, te invito a que te sientes en compañía del cuaderno para leer este capítulo. Si te apetece, sírvete algo que te guste y disponte a reflexionar sobre cómo te ves, te valoras y te hablas.

La primera pregunta está relacionada con la imagen que crees que tiene de ti la gente con la que te relacionas. Haz una lista de las personas más importantes de tu vida que incluya a las adolescentes. No hace falta que incluyas en la lista a todas las personas con las que tienes relación, solo a las que marquen la diferencia para ti. Cuando lo hayas hecho, describe de la forma más completa posible cómo crees que te ve cada una de ellas. Esta descripción debe incluir cómo crees que te ven físicamente, qué rasgos de ti conocen y piensan que destacan de tu personalidad, cómo creen que realizas las tareas de las que te encargas en casa, cómo piensan que te enfrentas a tu día laboral y qué haces en tu trabajo, cómo se sienten cuando te relacionas con ellas, cómo les parece que reaccionas ante las críticas y los halagos, qué creen que se te da bien y en qué piensan que deberías mejorar. ¿Cómo te definirían las personas de tu vida si tuvieran que hacerlo?

La segunda pregunta tiene que ver con cómo te ves. Se trata de que escribas una descripción de ti lo más detallada posible. En la línea de la anterior, debe incluir tus características físicas, los rasgos de tu personalidad, de qué tareas cotidianas te encargas en casa y cómo sueles realizarlas, tu forma de enfrentarte a tu día laboral y cómo realizas tu trabajo, tu forma de relacionarte con las personas que conoces en los diferentes entornos en los que te mueves, tu manera de reaccionar ante las críticas y los halagos, lo que se te da bien y en qué crees que deberías mejorar. ¿Cómo te definirías si tuvieras que reflejar al máximo tus fortalezas y debilidades?

Cuando hayas elaborado la descripción detallada de ti, observa si predominan tus fortalezas, tus debilidades o aparecen por igual. Si hay más debilidades, esfuérzate en encontrar más fortalezas. Si hay más fortalezas, busca más debilidades.

La tercera pregunta está relacionada con lo preparada que te sientes para interactuar en los diversos ambientes en los que te mueves. Haz una lista de las distintas actividades que realizas e incluye los espacios de encuentro en tu día a día (pareja, tareas del hogar, trabajo, centro educativo, educación de las personas adolescentes de tu vida, ir a visitar a tu suegra, asistir a clase de yoga…, todas las actividades que realices y en las que te relaciones).

Cuando la tengas, escribe junto a cada una cuán preparada o capaz te sientes para realizar esa actividad o para relacionarte con esa persona o en ese entorno, si te resulta fácil hacerla o vincularte con esa persona o en ese ámbito y cómo te sientes cuando la realizas o te relacionas con esa persona o en ese entorno. ¿Con qué actividades y con quién te ves más capaz, te resulta más sencillo y te sientes mejor?

Después, pregunta a las personas de tu lista cómo te definirían y si te ven capaz de realizar las actividades que has evaluado antes. Anótalo en tu cuaderno. Compara las definiciones que hacen de ti con las que creías que harían y con la percepción que tienen de tu capacidad para realizar las diferentes actividades que has valorado previamente. Comprueba si alguna ha coincidido con tu descripción y valoración, si difieren mucho o si algo te sorprende.

Para responder a la cuarta pregunta, reflexiona sobre las cuestiones anteriores. Se trata de dibujar un primer esbozo de tu autoestima ¿Qué nivel de consciencia tienes sobre la imagen que proyectas y sobre tu capacidad para hacer lo que haces? ¿Cómo te sientes respecto a la imagen que proyectas?

Las últimas preguntas de este ejercicio están relacionadas con cómo te hablas. Piensa qué sueles decirte cuando cometes un error o no consigues lo que querías y anótalo. Pregúntate también en qué piensas, qué sientes y cómo reaccionas cuando alguien te hace una crítica y anótalo.

Ahora céntrate en lo que piensas y en la respuesta que das cuando alguien quiere que hagas algo que no te apetece o alguien hace algo que no te hace sentir bien. Anótalo.

Analiza qué piensas y haces cuando te encuentras ante un reto que implica cierta dificultad o riesgo. ¿Cuán capaz te sientes de enfrentarte a ese reto? ¿Cómo te hablas en estos casos? ¿Cómo reaccionas si te encuentras en alguna de las situaciones anteriores? ¿Qué sueles hacer?

La autoestima se construye sobre las situaciones que vivimos y que incluyen nuestros talentos y nuestras aptitudes. Se desarrolla a partir de los instantes que suman o restan confianza en nosotras mismas. Esos momentos tienen que ver con cómo nos sentimos físicamente, con cómo miramos nuestro cuerpo y hablamos de él. Tienen que ver con si se nos da bien hacer algo concreto o no (deporte, danza, teatro, idiomas, matemáticas, dibujar…) y con cómo nos hemos sentido cuando lo hemos hecho y hemos obtenido unos resultados concretos. Tienen que ver con cómo nos han mirado cuando hemos obtenido esos resultados. Tienen que ver con nuestra habilidad para resolver los conflictos y las situaciones difíciles. Tienen que ver con la cantidad y la calidad de las amistades que tenemos y con cómo nos sentimos con ellas. La confianza en nosotras mismas tiene que ver con todo eso. ¿Confías en ti? Si fueses otra persona, ¿confiarías en ti?

Cuando reflexiones sobre ello, estate atenta a los siguientes indicadores. Si observas que con tu forma de verte, hablarte y actuar buscas la aprobación de tu entorno, presta atención. Si temes errar en las decisiones que tomas y eso te dificulta o te impide tomarlas, presta atención. Si tiendes a seguir las recomendaciones de otras personas, presta atención. Si responsabilizas siempre a las demás personas de lo que te pasa, presta atención. Si te criticas y te castigas cuando te equivocas o tus decisiones no tienen las consecuencias que esperabas, presta atención. Si tu estado de ánimo cambia drásticamente cuando alguien te critica, cuando te equivocas o cuando algo no sale como esperabas, presta atención. Si te cuesta decir que no o poner límites y sueles hacer lo que no te gusta para complacer a otras personas, presta atención. Si siempre te exiges ser perfecta, presta atención. Todas estas situaciones, entre otras, quizá te indiquen que tu autoestima no es tan buena como podría ser y puede que estén haciendo tu vida un poco más desagradable de lo que debería, además de afectar también a las personas adolescentes que te rodean.

Este es el punto de partida para saber cómo está tu autoestima. Es interesante que veas si te ha costado realizar el ejercicio, si te ha resultado fácil pedir ayuda a las personas de tu entorno, si al describirte te has enfocado más en tus fortalezas o en tus debilidades, si te ha costado reconocer tus fortalezas o debilidades, qué palabras utilizas para describirte, cómo te has sentido al responder a las preguntas… Aprender a quererte y a valorarte con tus fortalezas y debilidades, además de hacerte la vida más agradable, te ayudará a acompañar mejor.

Actuar para mejorar lo que necesites te aportará bienestar y repercutirá en la atención que des a las personas adolescentes de tu vida. Si no sabes cuál es tu nivel de autoestima, te costará más ayudarlas a desarrollar la suya de forma saludable.

A partir de las reflexiones que has extraído de los ejercicios, averiguarás cómo está tu relación contigo y con tu entorno. Esa relación es vital para tu bienestar, y no deja de mandar mensajes a las personas adolescentes de tu vida. Recuerda que el objetivo del libro es ayudarlas a construir su identidad sobre una buena autoestima.

Los mensajes diarios que reciben de ti y de las personas con las que se relacionan contribuyen al estado de su autoestima, así que, si cuidas de la tuya, es un granito de arena más para ayudarlas. En estos casos, la ayuda profesional puede serte muy útil. Si la necesitas, pídela, y aprende a cuidarte, porque de esa forma también estarás cuidando de ellas. Empieza a identificar lo que se te da bien, lo que debes mejorar, tus necesidades e intereses, a cuidarte haciendo lo que te sienta bien, a relacionarte con quienes te tratan bien y te tienen en cuenta, a dejar de compararte, a practicar la autocompasión… Todo lo que hagas por ti, lo estarás haciendo también por ellas.

7

La distancia prudente

La relación que mantengas con las personas adolescentes de tu vida favorecerá que se adapten a su entorno, regulen sus emociones y ajusten sus conductas. Cómo te relaciones con ellas contribuirá a resolver las situaciones con las que se irán encontrando en los diferentes entornos en los que se desenvuelven y las ayudará a transitar mejor por sus estados emocionales.

Una de las pautas más importantes que debes seguir es mantener una distancia prudente que te permita estar para ellas sin agobiarlas ni oprimirlas. Si las personas adolescentes de tu vida se sienten cómodas, queridas y valoradas, si se genera una comunicación fluida, si eres y estás en cada momento con ellas para atender lo que sea necesario y te ocupas de que se sientan independientes —aunque con la seguridad que da un tipo de acompañamiento y supervisión prudentes—, aportarás al desarrollo de su autoestima y, por lo tanto, de su autonomía. Autoestima y autonomía se retroalimentan. Cuanto más capaz me siento de hacer algo por mí misma, más mejora mi autoestima. Cuanta más autoestima tengo, más capaz me siento de hacer algo por mí misma.

Gracias a la relación que puedas construir con ellas, las ayudarás a sentirse mejor, más capaces de hacer algo por sí mismas, a obtener mejores resultados académicos, a reducir el malestar emocional y a mejorar la relación con sus amistades, con sus iguales y con otras personas adultas. El apoyo de sus iguales, de sus amistades y de su familia es esencial para mantener su salud, así que una de tus tareas importantes será acompañar sus relaciones para que obtengan el mayor refuerzo posible de todas ellas. No siempre es sencillo, así que para llevarlo a cabo es necesario que empieces por cuidar la vuestra.

Ya sabemos que las personas adolescentes que se sienten más apegadas a sus iguales que a su familia pueden desarrollar conductas más arriesgadas, así que vale la pena que dediques tiempo a alimentar y reforzar vuestra relación. Para conseguir y mantener una buena comunicación con ellas, es importante que te acerques y te dirijas a ellas de forma distinta a como lo hacías en su infancia: busca la complicidad. Esto no quiere decir que te conviertas en su mejor amiga. Tu rol es el que es, y es esencial que lo tengas claro. A ti te necesitan ejerciendo tus funciones y, a sus amistades, las suyas, pues ambas son necesarias para su desarrollo.

Para conseguir esa complicidad, evita los juicios, conoce a sus amistades y observa y analiza sus relaciones, así como los entornos en los que se mueven. Es indispensable que refuerces en positivo y en clave de esfuerzo, que crees espacios de confianza en los que se sientan seguras y que te muestres disponible a sus demandas. Te servirá compartir tus experiencias y practicar la escucha activa. Para ello, ten presente las características de la etapa cada vez que hables con ellas, muestra auténtico interés por lo que te cuentan, míralas a los ojos, háblales al mismo nivel y comparte el mismo espacio (no lo hagas a gritos desde el pasillo o la cocina), respira antes de intervenir, aprende a mantener la calma, utiliza el contacto físico de forma prudente, presta atención a todo lo que les pasa mientras se expresan (tono de voz, gestos, velocidad del habla...) y esfuérzate en transmitir seguridad y comprensión en todo momento.

Para expresarte te será de gran ayuda practicar la asertividad y usar diferentes expresiones que te permitirán mantenerte firme, mejorar la convivencia y proporcionarles estrategias para marcar los límites en sus relaciones. Conocer diversas formas asertivas de transmitir la información, anticipar los conflictos recurrentes, acompañar las discusiones y dialogar es muy importante para que desarrollen habilidades sociales y mejores la convivencia.

Además de la forma de dirigirte a ellas y de estar con ellas, es importante que entiendas y respetes sus espacios, esenciales para realizar las tareas evolutivas en este momento de su ciclo vital. Te ayudará relacionarte con ellas en los espacios comunes (la cocina o el salón), dejarles claro que su dormitorio es su espacio y no mantener conversaciones incómodas y discutir allí.

Para que no desconecten al minuto uno cuando les hablas, es clave que lo que les cuentes tenga interés para ellas, que se sientan protagonistas de la situación, que vean que pueden aportar y que sepan que tendrás en cuenta su opinión.

Cuando quieras empezar y mantener una conversación con ellas, estimula la reflexión mediante preguntas abiertas o reflexivas («¿Qué es lo que menos te gusta de tu tutora?», «¿Qué cambiarías del instituto para que la gente tuviese más ganas de ir?», «¿Qué es lo que más valoras de la amistad?»). A continuación, parafrasea lo que han dicho para comprobar que lo has entendido con el objetivo de transmitirles que las estás escuchando. Al final, recapitula y resume lo que habéis hablado para asegurarte de que habéis entendido lo mismo. El objetivo es favorecer al máximo que saquen sus propias conclusiones. Explicarles para qué les pides, dices o haces algo te ayuda a mantener una conversación sin discutir, facilita el diálogo y permite que inicies el proceso para llegar a acuerdos y adquirir compromisos.

Acordar con ellas cómo vais a comunicaros a diario o fuera de casa reduce la tensión, favorece su desarrollo y permite seguir trabajando en la relación que quieres tener cuando crezcan.

Para mantener a raya el miedo a dejar de hacer cosas juntas y perderte en un mar de reproches porque «solo quiere estar con sus amistades», te servirá acordar un día a la semana o cada quince días, cuando consideréis, para hacer algo juntas que no sea una obligación.

Para cuidar de la relación de complicidad que es más favorable al acompañamiento de la etapa y no fomentar las mentiras o las acciones clandestinas, evita censurar sus propuestas, confiscar sus pertenencias, cotillear su intimidad, confinarlas en su cuarto o castigarlas sin hacer algo que les gusta. Estas cinco acciones no te permiten acompañarlas como necesitan, obstaculizan la comunicación y deterioran la relación. Si se sienten oprimidas o que se fiscaliza su intimidad, que no se respetan sus espacios y que no se tienen en cuenta sus necesidades, puede que te vean como alguien que no las entiende, por lo que dejarán de contar contigo para resolver sus dudas y no compartirán sus momentos importantes.

Todas las habilidades que desarrollarás para comunicarte de forma fluida y, por lo tanto, para mejorar vuestra relación, se entrenan, como también tu capacidad para ayudarlas a tomar decisiones y establecer límites. Para ello, necesitas iniciar un proceso de cambio formado por pequeños pasos. Me ocupé de detallártelos y de ofrecerte las pautas para conseguirlo en mi libro *El día que mi hija me llamó zorra* (ed. Almuzara-Toromítico, 2022), así que aquí solo te las he enumerado. No voy a desarrollarlas ni a ponerte ejemplos porque allí encontrarás la información y las indicaciones prácticas para empezar tu proceso de cambio, y así puedo centrarme en las pautas para que puedas ayudarlas a desarrollar una buena autoestima, a explorar su identidad y a cultivar amistades que alimenten ambos procesos.

Es probable que ahora estés pensando: «¿Por dónde empiezo?», «¡Imposible hacer todo eso!» o «¡Qué mal lo he hecho todo!». Es natural, pero te animo a que no tires la toalla antes de empezar ni intentes convencerte de que es imposible hacerlo de otra forma, porque no lo es. Quizá te parezca demasiado, pero te aseguro que solo tienes que querer y empezar con pasitos pequeños, persiguiendo objetivos que puedas alcanzar y dejándote ayudar, si lo necesitas. No te obsesiones con hacerlo todo al mismo tiempo o con hacerlo «bien». Céntrate en el primer paso, en escoger lo que necesites, lo que te cueste, lo que creas que es mejor para iniciar tu proceso, y empieza. Tu objetivo es ayudarlas para que su vida adulta sea un poco más agradable. Esta es una excelente motivación para generar pequeños cambios que, con esfuerzo y perseverancia, se convertirán en grandes logros.

8

La confianza es la esencia

Tu mirada sobre las personas adolescentes de tu vida influye enormemente en la que ellas tienen sobre sí mismas. Cómo las miras y les hablas sobre cómo son o sobre lo que hacen, y las oportunidades que les ofreces para lograrlo por ellas mismas puede sumarles o restarles confianza.

Desde la infancia, las personas adolescentes de tu vida te observan y buscan tu aprobación. Tu mirada sobre lo que hacen lleva tiempo dejándoles una huella más o menos profunda en función de tus recursos para acompañarlas, de las situaciones que han vivido y de cómo han salido adelante. Han llegado a la adolescencia basando la mirada que tienen sobre ellas mismas en la tuya, y de alguna forma dejará huella en su primera selfi.

Es esencial que en esta etapa tan sensible a la mirada externa y tan determinante para el desarrollo de la autoestima y la identidad, reduzcas al máximo los juicios sobre sus preferencias y su forma de ser. ¿Cómo las miraste en su infancia? ¿Las miras de forma distinta desde que son adolescentes?

Es imprescindible que las veas como necesitan y que les des espacio para desarrollarse de forma saludable. No importa si hasta ahora no habías sido consciente de esto, no sirve lamentarse por lo que no hiciste o hiciste de más. Sin culpa ni drama, lo hiciste lo mejor que pudiste con lo que sabías entonces. Estás a tiempo de aprender a hacerlo de otro modo y de recibir la enorme satisfacción de sumar para que su autoestima sea lo mejor posible.

Es un proceso que te llevará tiempo y esfuerzo, pero irás mejorando poco a poco y te irá acercando cada vez más a las personas adolescentes de tu vida. Para aprender a mirarlas de modo que aumenten la confianza en sí mismas, debes tener claros algunos puntos.

Para empezar, es esencial que conozcas sus necesidades. Obsérvalas bien y analiza a qué responde lo que hacen. Cuando las personas adolescentes actúan, se dejan guiar por algo que necesitan. Las impulsan sus emociones y pensamientos y, como ya sabes, aún están desarrollando su autocontrol, con lo cual no siempre han reflexionado sobre la decisión tomada. Ayúdalas a hacerlo y a ver las consecuencias de sus actos.

Para ayudarlas a reflexionar sobre los efectos de las decisiones que han tomado, analiza con ellas cómo han llegado a esas situaciones. Acompáñalas hasta el punto de partida de la toma de decisión. ¿Qué pasaba antes de tomarla? Muestra curiosidad por lo que las llevó a escoger lo que eligieron: ¿qué esperaban que sucediera tras tomar esa decisión? ¿Qué ocurrió en realidad? ¿Está muy lejos lo que pasó de lo que esperaban? ¿Qué otras opciones podrían haber tomado? ¿Qué otra alternativa podrían elegir la próxima vez en lugar de la que causó las consecuencias que ya conocen?

Para reorientar tu mirada y sumar a la confianza que tienen en sí mismas, necesitas escuchar sus opiniones con interés. Puede que no estés de acuerdo con alguna de ellas, pero nunca pierdas el objetivo de tu acompañamiento: no es tener la razón, sino hacer que se sientan seguras al manifestar sus pensamientos y que puedan aceptar opiniones diferentes a las suyas sin sentir que lo que ellas opinan no se valora.

Además, descubrirás lo impresionantes que pueden llegar a ser sus razonamientos y las conocerás un poquito más, con lo que tendrás más oportunidades de acertar en tus propuestas. Si pueden expresarse con libertad en casa, ganan confianza para hacerlo fuera de ella. De esta forma colaboras para que se sientan más seguras cuando están con sus iguales.

Otra importante tarea para ayudarlas a confiar en ellas mismas es valorar las ideas que se les ocurren y cooperar para que puedan llevarlas a cabo. Si algo sale mal en su ejecución o las consecuencias no son las deseadas, podrás acompañarlas para que extraigan un aprendizaje que les permita tomar una decisión diferente la próxima vez, como verás más adelante.

En este proceso puede aparecer la frustración. Sentirla y darle espacio es el primer paso para aprender a reconocerla y regularla. Identificar y atender su estado emocional será una tarea diaria que requerirá toda tu atención. En ocasiones, solo deberás ocuparte de que encuentren la soledad necesaria para dar espacio a lo que sienten y aprender a equilibrar y modular sus emociones por ellas mismas. Otras veces, tendrás que proponerles estrategias para que puedan hacerlo y otras muchas deberás estar cerca durante todo el proceso que supone sentir y moderar lo que sienten.

Una de las necesidades de las personas adolescentes de tu vida es notar que entiendes cómo se sienten. Otra es percibir que ves y reconoces sus esfuerzos. Por pequeños o insignificantes que te parezcan, son muy importantes para afianzar su confianza. Facilitar que hagan las cosas por ellas mismas, aunque no sea como crees que deben hacerse o no las hagan tan rápido como te gustaría, y verbalizar sus pequeños logros enfoca tu mirada y la suya hacia los resultados y los beneficios de los pequeños esfuerzos diarios para conseguir sus metas. Ten muy presente que la confianza que crees que les das no es directamente proporcional a la que sienten que les das. Puedes creer que confías en ellas, pero que ellas no lo perciban así.

Si te pido que evalúes la confianza que les tienes del uno al diez, siendo uno que desconfías de ellas y diez que te fías con los ojos cerrados, ¿qué número escogerías? Sea cual sea el número escogido, sea cual sea la valoración que hagas ahora de la confianza que les tienes, no te preocupes, porque la confianza se practica. Se entrena a diario al respirar y frenar nuestra intervención cuando es necesario, dejándoles espacio para probar. Se entrena al enfocar la mirada en lo necesario a cada momento. Céntrate en empezar. Cada vez que pienses que no son capaces, que no lo van a hacer, que no lo están haciendo, que no está bien lo que hacen, que no les convienen las personas con las que se relacionan…, cada vez que pienses cómo deberían haber hecho algo o cuándo deberían hacer algo, con quién tendrían que relacionarse y con quién no, qué debería gustarles y qué no, practica. Respira hondo, repítete el mantra: «No es personal, es cerebral» y recuerda que la confianza en nosotras mismas es la esencia de la buena autoestima.

La confianza es un estado, una forma de permanecer a su lado que les transmite la seguridad necesaria para experimentar. Si dudas de ellas y se lo muestras, es más probable que duden de ellas mismas. Recuerda que la confianza que les tengas y que perciban que les tienes las ayuda a confiar en ellas y a desarrollar una buena autoestima. A Simone Biles le hubiese costado más llegar donde llegó sin la confianza de su familia adoptiva o de su entrenadora, pues le permitieron probar y la ayudaron a avanzar sumando al desarrollo de su autoestima hasta el punto de reivindicar ante el mundo que era la primera de su nombre.

9

Las personas adolescentes de tu vida

Hace tiempo participé en un congreso en el que, en un momento determinado de mi conferencia, intervino una adolescente de diecisiete años con una gran personalidad, autoestima y sentido de la identidad. Era estupendo contemplar la pasión y la determinación con las que expresaba sus valores y defendía sus ideales. Cuando acabase el bachillerato quería estudiar Económicas y pasar tiempo en Estados Unidos para acabar su formación y aprender inglés. En cuanto acabó su intervención, todas las personas adultas que estaban en la sala se quedaron anonadadas mirándola, y una expresó en voz alta que le encantaría que su hija adolescente fuera como ella. En ese momento pedí al resto de la audiencia que levantase la mano si se había sentido identificada con esa madre. Toda la sala menos dos individuos levantaron la mano para expresar que les gustaría que las personas adolescentes de su vida fuesen como ella.

Una de las tareas más complicadas de la adultez es aceptar que las personas adolescentes que están en nuestra vida tienen unos rasgos de personalidad, unos intereses, unos valores y unos ideales que pueden ser muy distintos de los nuestros.

La confianza en ellas empieza a crecer y nuestra relación mejora cuando aceptamos, respetamos y ponemos en valor sus particularidades y preferencias. Nuestras expectativas sobre cómo queremos que sean o cómo deberían ser no nos permiten acompañarlas para que lleguen a ser quienes son y pueden llegar a ser.

Para acompañarlas en su desarrollo, es crucial que las veas a ellas, no sus posibilidades, no tus expectativas sobre ellas. A ellas tal y como son ahora, en el punto en el que están. Es esencial que no construyas su mundo con tus creencias, valores y aprendizajes: su planeta no es el tuyo, así que no impactes en él como un meteorito. Sitúate a su alrededor como un satélite, como una luna particular que unas veces las ayuda a orientarse y otras las inspira. Mejor ser luna que meteorito.

No podemos acompañarlas al lugar donde pueden llegar si partimos de nuestra idea de dónde pueden llegar. Debemos hacerlo desde donde están y avanzar pasito a pasito junto a ellas en las direcciones que vayan escogiendo. A veces se perderán, y nos perderemos con ellas para ayudarlas a reorientarse. Para encontrar las coordenadas del lugar donde están, debes plantearte algunas preguntas. Las respuestas te permitirán tomar consciencia de cuánto conoces a las personas adolescentes de tu vida y del estado de su autoestima.

Este capítulo es aún más interactivo, así que te invito a tener cerquita tu cuaderno y a anotar la información que vayas descubriendo. Antes de empezar, me gustaría decirte que, en mi comunidad online —en Instagram y en mis otras redes—, me refiero a las personas adolescentes de tu vida como AMIVIS. Esta palabra la creó una persona de la comunidad que, para acortar, se refería a sus gemelas adolescentes así (personas **Adolescentes de MI VIda**). A partir de ahora me referiré a ellas utilizando la palabra «amivis», a la que le tengo mucho cariño y que forma parte de mi proyecto de sensibilización y acompañamiento a la adolescencia.

Dicho esto, abre el cuaderno y disponte a reflexionar. El objetivo de este ejercicio es conseguir una definición lo más rigurosa posible de tus amivis y descubrir cómo te hace sentir.

Piensa en los diferentes espacios que hay en su vida en los que se relacionan (centro educativo, extraescolares en las que participan, redes sociales, familia…) y escribe todo lo que sepas sobre su papel y las personas con las que se tratan en cada uno de ellos.

Con este ejercicio detectarás de qué aspectos de su vida sabes menos y descubrirás con quién tienes menos relación. Es importante que identifiques lo que desconoces para completar la información que te falta. Si no sabes mucho sobre una actividad concreta o sobre alguien con quien pasan tiempo, explora: pregúntate si esa actividad les gusta, qué hacen allí, si se sienten bien haciéndola, si suelen hablar de esa persona, qué les gusta de ella, qué tipo de relación mantienen… Pregúntate por qué no habías oído hablar de esa actividad, de esa persona o de ese espacio. No hace falta que lo sepas todo, pero sí que tengas una visión global de los ámbitos que forman parte de su vida para reconocer lo que puede mejorar, prevenir y atender a los riesgos que se puedan presentar en cada uno.

Anota tus conclusiones en el cuaderno y reflexiona sobre las cualidades, las habilidades, los gustos y las limitaciones de tus amivis. Para orientarte, quizá te sea útil subrayar las cualidades de la lista que te propongo. Anótalas y añade las que necesites.

En sus relaciones, tus amivis suelen mostrarse generosas, francas, competitivas, compasivas, irritables, confiadas, agresivas, cordiales, altruistas, modestas, reservadas, serviciales, autodisciplinadas, cuidadosas, descuidadas, colaboradoras, organizadas, nerviosas, controladoras, prácticas, tenaces, seguras, inseguras, sociables, solitarias, optimistas, activas, ágiles, estrictas, cariñosas, charlatanas, creativas, curiosas, inclusivas... Se les da bien bailar, practicar algún deporte concreto, dibujar, debatir, construir algo, hablar con la gente, hablar en público, calmar a las demás personas, entretener, enfrentarse a retos, cantar, escribir, organizar eventos, cocinar... ¿Qué les gusta y qué les gustaría? ¿Qué les cuesta? ¿Cuáles de sus cualidades sueles poner en valor? ¿Cuáles de sus cualidades sueles criticar?

Es muy importante que las tengas claras. Una de las pautas que aprenderás en este libro para cuidar de su autoestima está relacionada con sus relaciones. Para ayudarlas con la importante tarea de desarrollar su autoestima, deberás reconocer sus cualidades y preferencias como válidas, aunque sean muy diferentes de las tuyas, aunque no tengan valor para ti. Simone tenía unas espectaculares cualidades físicas que quizá no la hubieran posicionado en un lugar preferente en el mundo de la gimnasia de no haberse valorado y estimulado en su momento. Si no reconoces que sus diferencias y peculiaridades son favorables, si no verbalizas que valoras esas cualidades distintas que las hacen únicas y especiales, no las ayudas. Como son diferentes a las de la familia, deben ser reconocidas y puestas en valor con mayor énfasis. ¿Eres capaz de reconocer y verbalizar sus cualidades a pesar de que no sean las que consideras mejores? Si escondes o menosprecias en las que destacan porque son distintas a las de la familia, no las ayudas a quererse y a valorarse.

Intenta no proyectar tu frustración sobre ellas si detectas que tienen cualidades que valoras, similares a las tuyas, pero consideras que no las están aprovechando. Si eres muy buena en matemáticas y sabes que se les dan bien, pero manifiestan mayor interés en otros campos, no te enfades porque no muestren el mismo interés que tú en esa asignatura. Te será más útil enfocarte en descubrir qué áreas les interesan, que no necesariamente son aquellas para las que tienen mayores habilidades o las que mayor importancia tienen para ti.

En el último ejercicio será necesario que reflexiones sobre el nivel de control que ejerces sobre tus amivis. Piensa en tu exigencia sobre su dedicación a las tareas académicas: ¿te pasas el día pidiéndoles que hagan los deberes o que estudien? Evalúa tu nivel de alerta cuando salen de casa: ¿sueles mandarles mensajes o llamarlas para saber dónde están y con quién? Piensa en los comentarios que haces sobre sus preferencias (música, estilo de ropa, amistades, etc.): ¿les manifiestas tu desagrado o las criticas a menudo? Pregúntate si les recuerdas las normas de casa cada dos por tres: ¿sueles repetirles a diario sus responsabilidades respecto a la convivencia familiar? Piensa en el espacio que les dejas para aprender a hacer algo por ellas mismas: ¿sueles darles consejos sobre cómo hacerlo o aportarles las soluciones a las situaciones que tienen que resolver por ellas mismas? Pregúntate cómo las ayudas a tomar decisiones: ¿sueles darles todas las opciones y recomendarles la que crees mejor para ellas?

Si has respondido afirmativamente a alguna de las preguntas, valora en qué grado sueles actuar de esa forma. Asigna un número del uno al diez para visualizar el nivel de control que ejerces, siendo uno el mínimo control y diez un grado elevado. Si quieres, haz una media entre todas las preguntas para orientarte y tener un punto de partida que te permita cambiar la situación si la media supera el cinco. Si controlas demasiado su mundo y no les cedes el control poco a poco, será difícil que puedan desarrollar su autonomía, y ya sabes que la autonomía y la autoestima están íntimamente relacionadas.

Cuando acabes los ejercicios, describe a tus amivis en el cuaderno e incluye todas tus reflexiones. Piensa en cómo se refleja en esa descripción el nivel de control que tienes sobre ellas. Te dará una pista de la confianza que tienen en ellas mismas y del posible estado de su autoestima. También te mostrará el nivel de presión que ejerces y el efecto que puede estar teniendo en su autoestima. Este es solo un punto de partida para que vayas aumentando tu consciencia sobre la importancia de cambiar alguna de tus actitudes diarias si quieres ayudarlas en su proceso de desarrollo de una buena autoestima.

Ideas principales

✓ El objetivo del libro es que puedas acompañar a las personas adolescentes de tu vida en el proceso de construir su identidad sobre la base de una buena autoestima. **La respuesta de Simone** demuestra que es posible.

✓ Aprovecharás más la lectura si la primera vez sigues el orden propuesto y la acompañas de un cuaderno para recoger tus impresiones y registrar los ejercicios que te voy proponiendo. La **dirección** en la que nos movemos **importa**.

✓ El autoconcepto, la autoestima y la identidad están en **la raíz del amor propio** y guían nuestras acciones.

- El **autoconcepto** es la selfi más importante. Es la idea de nosotras mismas que se forma después de encontrar y analizar todas nuestras cualidades. Nuestra misión es ayudarlas a enfocar su mirada hacia ellas para que puedan describirse de forma precisa.
- La **autoestima** es el valor que creemos que tiene nuestra selfi después de pasarla por los filtros de las convenciones socioculturales. Es el resultado del proceso que se inicia en su interior cuando sienten el peso de la mirada del mundo sobre ellas y añaden la mirada adolescente, que aún no puede entender que son válidas y suficientes por el mero hecho de existir. Nuestra misión es ocuparnos de que puedan interpretar y valorar su selfi con perspectiva.
- La **identidad** es lo que no se aprecia en mi primera selfi pero también forma parte de mí (familia, situación socioeconómica, cultura, las peculiaridades del país en el que vivimos, el género con el que nos identificamos, orientación sexual, vocación, valores, la ideología que nos mueve, las personas con las que nos sentimos cómodas, el aspecto físico con el que mejor nos sentimos…). Nuestra misión

es ocuparnos de que puedan entrar en contacto con el mayor número de experiencias posibles para sean capaces de explorar su identidad adecuadamente mientras velamos por el desarrollo de su autoestima.

✓ **La realidad adolescente** es la transformación y la coexistencia de intensos cambios cognitivos, físicos, emocionales y sociales. Su cerebro pasa por un momento de cambios profundos que provocan que se arriesguen y actúen de forma impulsiva sin que puedan evitarlo. Recuerda: lo que les pasa no es personal, es cerebral. Nuestra misión es conocer la etapa para entender su conducta y acompañar los cambios que experimentan.

✓ **La relación que educa** es horizontal: las dos personas aprenden. La más experimentada pone su mirada e intención al servicio de la que tiene menos experiencia para identificar las opciones de aprendizaje y lo que puede mejorar para aprender. El objetivo es acompañar a la persona de menor experiencia para que preste atención a los aspectos que no funcionan y provocar que encuentre por ella misma la mejora necesaria para cambiar la situación. Nuestra misión es hacerlas pensar, que lleguen a sus propias conclusiones y que tomen las decisiones que orienten sus próximos actos.

✓ La influencia que ejercen sus iguales y sus amistades también aparece en su primera selfi, aunque no se aprecie a simple vista. Sus amistades también forman parte de las personas adolescentes de nuestra vida. **La mano amiga que nos toca el corazón, conoce la letra de nuestra canción y la canta cuando nosotras no podemos hacerlo** puede ayudarnos a querernos, valorarnos y cuidarnos. Nuestra misión es estar muy atentas a esa parte tan importante de su vida y ponernos a favor de ella.

✓ **La misión de la familia** en esta etapa es ofrecer seguridad, ayuda y sostén emocional, además de mostrar comprensión para mejorar el estado de ánimo, la conducta, la adaptación al sistema educativo, el rendimiento académico y la estabilidad de las relaciones de las personas adolescentes.

✓ Este libro te ayudará a generar transformación y a provocar los cambios necesarios para favorecer el desarrollo de la autoestima y la identidad de las personas adolescentes que te rodean. **La acción lleva al cambio**, y la primera acción necesaria es analizar tu mirada hacia ti. ¿Cómo está tu autoestima? ¿Te sientes auténticamente tú? ¿Estás cómoda en tu cuerpo y con tu vida?

✓ Es esencial que trabajes en la relación que mantienes con las personas adolescentes de tu vida. Debes generar la complicidad necesaria para que vuestra comunicación fluya y dejarles espacio para probar. Nuestra misión es esforzarnos en crear una relación cómplice, cultivar **la distancia prudente** y mantener la atención en sus estados de ánimo y sus conductas. Ten siempre muy a mano el capítulo 7 de esta primera parte.

✓ **La confianza es la esencia** de la buena autoestima, es un estado, y se entrena. Es la forma de permanecer junto a las personas adolescentes que les transmite la seguridad necesaria para experimentar. Nuestra misión es evitar los juicios sobre sus preferencias o su forma de ser, tener presentes las necesidades de esta etapa, ayudarlas a reflexionar sobre las consecuencias de sus decisiones, escuchar con interés sus opiniones, valorar sus ideas y cooperar para que las realicen, verbalizar sus logros, prestar atención a su estado emocional y darles espacio para que puedan sentir y regular lo que sienten.

✓ **Las personas adolescentes de tu vida** —amivis de ahora en adelante— no son lo que creías que serían o lo que querrías que fueran. Nuestra misión es aceptar que tienen rasgos de personalidad, intereses, valores e ideales que pueden distar mucho de los nuestros y que, por eso, es importante que los reconozcamos y los pongamos en valor.

SEGUNDA PARTE

Los entrenamientos

Para explorar nuestra identidad de forma segura
es importante desarrollar una buena autoestima

Ya conoces los conceptos que van a enmarcar el acompañamiento que das a tus amivis en la gran tarea de crear su autoimagen, desarrollar una buena autoestima y construir su identidad. Has descubierto que la autoestima se ve afectada por múltiples factores y que se construye en lo colectivo, es decir, en contacto con las personas que nos rodean. Has podido apreciar la gran importancia que tiene la autoestima en la construcción de la propia identidad y cómo las personas adolescentes de tu vida, en constante transformación y bajo tantos impactos y estímulos diarios, se exponen cada día a sobrevivir en un mundo complejo con muy pocos recursos.

Quizá te abrume todo lo que tus amivis deben afrontar a diario en soledad y sientas que puedes hacer poco por ellas porque no estás cuando te necesitan. Lo importante no es estar en todo momento a su alrededor, protegiéndolas del mundo: lo realmente fundamental es que puedan contar contigo cuando vuelvan a casa. Lo imprescindible es que puedas ayudarlas a entender lo que les ha pasado, a dar significado a lo que sienten, a aprender de las experiencias que viven, a encontrar oportunidades para desarrollarse, para inspirarse, un espacio seguro para recuperarse cuando no les haya ido demasiado bien. Necesitan contar con tu confianza para salir al mundo y también después de haber pasado tiempo desenvolviéndose solas en él con los recursos que tienen y sean cuales sean los resultados que han obtenido de su experimentación.

Los momentos que compartirás con tus amivis a partir de ahora serán ocasiones de oro para ayudarlas a hablarse mejor, a entender lo que hacen las demás personas, a descubrir lo que les hace bien y mal, a explorar sus habilidades, revelar sus cualidades, sus gustos, sus dificultades… Para que veas lo mucho que puedes hacer por su autoestima, en los siguientes capítulos descubrirás recursos prácticos que te darán la seguridad y la tranquilidad necesarias para apoyarlas con lo que pueda pasar cuando empiecen a experimentar en el mundo como seres individuales.

10

Enamórate del proceso

A diario recibo muchos mensajes en las redes sociales. Uno de los más populares —y de los más inquietantes para mí— refleja nuestro desconocimiento sobre los procesos humanos. Es ese mensaje en el que alguien me pide que le recomiende un libro, cuya lectura mejore la autoestima de sus amivis solo por el hecho de leerlo. Nada me gustaría más que satisfacer esa demanda. Si existiese ese libro, sin duda sería un superventas. Por desgracia, ese libro no existe. Mejorar nuestra autoestima, como cualquier aspecto de nuestra vida, conlleva intención y esfuerzo.

Una buena autoestima es el resultado de un proceso complejo en el que intervienen diversos factores. Incluso parece que existe un componente genético. Como sabes, uno de esos factores, y de los más importantes, es el tipo de vínculo que hemos creado durante los primeros años de nuestra vida con nuestras madres, padres o personas adultas de referencia. Otro es la atención y el acompañamiento que hemos recibido ante las diferentes experiencias vividas en la infancia. Sabemos que el acoso o el trauma pueden afectar a nuestra autoestima, aún más si no se han acompañado adecuadamente.

El resto de las personas con las que nos relacionamos en todos los espacios que forman nuestro mundo también tienen un papel en el proceso, así como las circunstancias que nos vienen dadas y que no podemos cambiar, como dónde hemos nacido y las convenciones sociales por las que se rige nuestro entorno. Por suerte, una parte de ese proceso depende de nosotras y, por lo tanto, podemos hacer que mejore el estado de nuestra autoestima y el de las personas adolescentes de nuestra vida.

Debes tener en cuenta que, aunque puedas hacer mucho por ellas, no todo depende de ti. Así que empéñate, pero no te obsesiones; no todo está en tus manos. Lo importante es que formes parte activa de su proceso, y este se da durante un periodo de tiempo determinado que está compuesto por días, con todas sus horas, minutos y segundos. En todos ellos, tienes la oportunidad de hacer pequeñas contribuciones al desarrollo de su autoestima. Son millones de oportunidades durante su adolescencia para estimularlo. Por lo tanto, será esencial que te concentres en el proceso, en el día a día y en esas pequeñas aportaciones que empezarás a hacer.

Evita que te atrape la impaciencia por ver los resultados. Huye de vivir cada día con urgencia por contemplar las mejoras. Ignora los comentarios de esa voz interior que te apremia a hacer algo inmediatamente, a conseguir algo al momento, a exigir algo cuanto antes. Sí, sé que lo que te propongo no es sencillo, pero también sé que, en el acompañamiento de tus amivis, las prisas solo provocarán frustración y ese es un campo abonado para que tus antiguos hábitos tomen el control. Enfócate en seguir las pautas con la mayor constancia y cohe-

rencia posible, y cada vez lo harás con más seguridad. Enamórate del proceso y te parecerá que, con la práctica, todo es
más fácil, aunque en realidad lo que habrá sucedido es que
habrás aprendido a acompañarlo. Tanto es así que llegarás a
olvidar que un día tuviste que aprender a hacerlo. Cada minuto forma parte del proceso, así que céntrate en cada momento y pregúntate qué puedes hacer por su autoestima en
cada situación. Antes de hacer o decir algo sin pensar, respira,
sumérgete en tu silencio y encuentra en él la acción más favorable para su desarrollo.

11

La buena autoestima no llama la atención

Para conocer el estado de la autoestima de tus amivis, observa atentamente los mensajes que se transmiten a ellas mismas, cómo les afectan los resultados de sus actos y lo que hacen o dicen otras personas de ellas. Presta atención a su conducta, a lo que hacen y dicen, con la intención de detectar los indicadores que se muestran a continuación. Si se cumplen varios de ellos, es fundamental que pongas más intención en ayudarlas a desarrollar una mejor autoestima y, según la cantidad de indicadores que adviertas, es importante, además, que busques apoyo profesional.

AMISTADES

Dirige tu mirada hacia sus relaciones para averiguar si son capaces de construir vínculos con otras personas que les proporcionen apoyo de forma significativa. Analiza si pueden establecer lazos recíprocos y equitativos que cubran esa necesidad, es decir, relaciones de amistad en las que ambas personas se busquen por igual y en las que ninguna de las dos tenga poder sobre la otra, amistades con continuidad en las que los conflictos se resuelvan y hagan crecer la relación.

Si observas que cambian de amistades cada dos por tres y que no acaban de vincularse con nadie a un nivel profundo, quizá sea señal de que existe una necesidad relacionada con su autoestima y con sus habilidades sociales.

Si ves que les cuesta tomar decisiones y expresar sus opiniones e ideas ante otras personas, eso también te indicará cuál es el estado de su autoestima. Si no les resulta fácil defender sus ideales o no dan muestras de tenerlos, si no puedes reconocer los valores con los que se identifican y que no forman parte de la familia, presta atención.

APTITUDES Y CUALIDADES

Otro indicador para considerar el estado de su autoestima es su capacidad de reconocer sus aptitudes y las cualidades que las diferencian de las demás. Si pueden verbalizar y aceptar esas características que las hacen únicas y sienten que sus amistades y el resto de las personas con las que se relacionan las reconocen, si pueden aceptar los halagos sin avergonzarse o replicar, es indicio de buena autoestima.

MIRADA Y CONTACTO FÍSICO

Si ves que les cuesta mantener la mirada cuando se relacionan con iguales o con personas adultas y que no admiten el contacto físico o lo buscan demasiado, ahí tienes otra señal de alerta.

También pueden llevar la cabeza gacha al andar o en compañía de otras personas. Si adviertes que no soportan ser el centro de atención y rehúyen las situaciones sociales, sospecha. Esto último puede ir acompañado de la falta de relaciones significativas que comentaba al principio del capítulo.

A veces, las personas adolescentes con la autoestima dañada proyectan una imagen que puede confundirnos. Si se muestran soberbias o demasiado perfeccionistas y responsables, podemos creer que su autoestima está sana. Si se burlan de las demás personas, acosan a otras iguales o insisten una y otra vez en contarte sus logros, podemos creer que su autoestima está en un buen estado, pero esas actitudes pueden indicar todo lo contrario. Si les cuesta participar, si siempre intentan pasar inadvertidas o ser las protagonistas. Si suelen rehuir los retos, siempre se arriesgan o generan una gran cantidad de conflictos en los diferentes entornos en los que se mueven. Si observas que no dejan de criticarse, se hablan mal o se describen de forma desajustada. Estate muy alerta para cazar a los enemigos silenciosos de la buena autoestima: los pensamientos negativos hacia ellas mismas. Si su discurso interno está distorsionado y no suele dejarlas en buen lugar, alerta. Solo podrás detectarlo si lo verbalizan, es decir, si lo comentan en voz alta («Todo me sale mal», «No sirvo para nada», «Siempre tengo mala suerte», «No puedo hacerlo», «Seguro que no lo consigo», etc.). También podrás descubrir ese discurso si en su estado de ánimo suelen abundar y mantenerse en el tiempo la tristeza, el miedo o la rabia.

Tener una relación suficientemente cómplice como para que se produzcan momentos de diálogo o para realizar actividades juntas te permitirá descubrir esa forma de hablarse a sí mismas. Las señales de que una autoestima no está en el mejor de sus estados pueden ser, incluso, físicas. Cuando las personas adolescentes se quejan de dolor de estómago o de cabeza constantes, una vez descartadas otras causas orgánicas, puede que nos estén alertando de que hay alguna circunstancia que atender y quizá esta involucre, de alguna forma, a su autoestima. Cuando les cuesta dormir y esto se alarga en el tiempo. Cuando se esconden tras el pelo o la ropa. Cuando reaccionan de forma exagerada y desajustada ante situaciones ordinarias. Observa también si les cuesta pedir, qué les cuesta pedir, a quién les cuesta pedírselo y cuándo suele costarles. Todas estas señales pueden esconder una autoestima que necesita crecer.

La buena autoestima no llama la atención. Se caracteriza por la presencia de una cierta armonía entre los diferentes aspectos y momentos de la vida de tus amivis. Las personas adolescentes cuya autoestima está en buen estado suelen tener una percepción satisfactoria de su vida. Suelen sentir que quienes las rodean las quieren y las valoran. Suelen conocer sus intereses y aceptar las críticas con buena actitud. Se sienten motivadas para realizar sus actividades y se relacionan mejor en ellas. Tienden a superar los retos académicos, no necesariamente con resultados excelentes. Estas amivis verbalizan sus proyectos de futuro con ilusión y pueden empezar a marcarse objetivos para conseguirlos.

Sin embargo, las personas adolescentes que no se quieren ni se valoran demasiado y tienen una autoimagen distorsionada no suelen encontrarse bien. Pueden sentirse solas, incomprendidas, rechazadas. Pueden dinamitar las actividades grupales, mostrar reticencia a participar en ellas, mentir, tener constantes dificultades para comprometerse con personas o tareas, vivir episodios de ansiedad cuando sienten presión, huir de los compromisos...

En la adolescencia, la autoestima suele ser inestable por naturaleza, así que es probable que hayas identificado algunos de estos indicadores en tus amivis. Respira hondo. Detectarlos te permitirá ponerte en acción para que su vida sea un poco más armoniosa, pero no podrás actuar si estás aterrorizada. Estas señales no implican que tus amivis vayan a tener una vida terrible, no muestran que lo estés haciendo mal o que estén fatal. Tómate las señales, y el miedo que puedas sentir al descubrirlas, como una oportunidad de seguir haciendo lo que ya hacías tan bien en su infancia: ponerte en alerta cuando algo no funcionaba y atender a sus necesidades para mejorar la situación. Te necesitan más que nunca. Además, ya sabes que no todo depende de ti en lo que se refiere a la autoestima de tus amivis, así que rebaja la presión, mantente conectada con ellas, observa y detecta lo que se está produciendo en otros espacios de su vida y sigue cada día las pautas con mucho amor hacia ellas y hacia ti.

Estás aprendiendo, no te fuerces ni te exijas demasiado, pero no te rindas ni abandones. Eres humana, y las humanas nos equivocamos. A veces aprendemos de nuestros errores y en ocasiones no, a veces nos cuesta entender y hacer algo, decir algo, crear nuevos hábitos, callar la vocecita crítica de nuestro interior, ignorar las vocecitas críticas de nuestro exterior... Nos cuestan muchas cosas, pero por mucho que nos cuesten siempre tenemos la posibilidad de probarlo e insistir para descubrir que somos capaces. Siempre estamos a tiempo de reconocer si debemos abandonar, pero date la oportunidad de empezar y sumergirte en el proceso.

Ya hemos superado la parte más dura. A partir de ahora, te invitaré a la acción. Recuerda que sin acción no hay cambio.

12

Ser capaces

Para tener una buena autoestima, debemos sentirnos capaces. Para ser capaces de hacer algo, han de darse dos condiciones: primero, tener la oportunidad de hacerlo y equivocarnos; segundo, tener la posibilidad de ver en qué nos hemos equivocado y volver a intentarlo. Si se dan estas dos condiciones, poco a poco iremos desarrollando las habilidades que nos permitirán ser capaces de realizar tareas específicas y avanzar hacia otras más complejas.

Para hacer esto último muchas veces necesitamos la mirada experta de alguien que ya ha pasado por ahí, que ya ha aprendido a hacerlo. Esa mirada carece de juicio. No incluye un «Lo has hecho mal» o «Lo has hecho bien». Incluye un: «Vamos a ver, ¿qué crees que puedes hacer de otro modo para que la próxima vez el resultado se parezca más a lo que buscas?». No queremos que se conviertan en sus errores ni que reproduzcan una y otra vez las mismas conductas. Buscamos que aprendan a mejorarlas por ellas mismas.

La mirada experta nos invita a descubrir por nosotras mismas lo que debemos mejorar y nos anima a intentarlo de nuevo cambiando lo que hemos visto que podemos cambiar.

Eres una de las miradas expertas de las personas adolescentes de tu vida. Aunque ya sepas hacer algo y veas claramente cuál es el margen de mejora y qué deberían hacer para mejorar, tu indicación debe ser siempre un estímulo que las haga reflexionar. Si cuando **hacen** algo y se equivocan, en vez de proponerles que lo revisen para que averigüen en qué pueden mejorar, les dices que lo han **hecho** mal y que ya tendrían que saber cómo **hacerlo**, no las ayudas a ser más capaces. Si después de eso no las animas a probarlo de nuevo, no las impeles a mejorar. Simone no aprendió a hacer flic-flacs antes de saber hacer el puente, y tuvo que practicar hasta conseguirlo. Seguro que por el camino se cayó varias veces. Seguro que hubo momentos en los que se frustró o en los que quiso abandonar y seguro que su entrenadora estuvo allí para animarla, para impulsarla a mejorar su postura, su equilibrio…

Antes de realizar una tarea compleja necesitamos practicar varias tareas sencillas. Educar requiere tiempo y atención, lo que no encaja muy bien en el mundo en que vivimos, marcado por la inmediatez, la rapidez, la productividad y el estrés. Vivir a alta velocidad provoca que no nos demos el tiempo necesario para educar. Ya sabes que educar es artesanal, y todo lo artesanal lleva su tiempo. No hay educación de calidad si no se le dedica tiempo de calidad. Lo ideal sería que nuestro sistema nos permitiese educar con paz y que dejase de ahogarnos con horarios laborales imposibles y miles de responsabilidades, pero aún no hemos conseguido un escenario favorable en este ámbito.

Para sortear con tus amivis algunas de esas dificultades, te ayudará reservar un rato diario para estimular su reflexión sobre las tareas y las conductas que deben mejorar, las características de sus relaciones a las que deben prestar atención o los estados emocionales por los que estén transitando. Te resultará más fácil si te ocupas de esto cuando ellas están más activas y receptivas. Un momento idóneo puede ser después de cenar entre semana o durante los fines de semana. Asígnales pocas tareas y no las aumentes hasta que no aprendan a realizar las anteriores. Cuando las hagan, pregúntales si han aplicado los cambios y si han observado alguna mejora. Sigue el mismo procedimiento cuando se trate de conductas, relaciones o emociones.

Si no verbalizan sus mejoras, hazlo tú. Explícales que has notado ciertos cambios y transmíteles que te sientes orgullosa de que lo hayan conseguido. Diles que ayer las viste agobiadas, pero que a pesar de la lluvia fueron al gimnasio y que, gracias a eso, luego se sintieron mejor. Diles que te has dado cuenta de que la nota del último examen de matemáticas ha sido más alta que las anteriores, que estás segura de que se han esforzado y que, gracias a eso, les subirá la media. Diles que has observado que esta semana se han levantado un poco antes, que seguro que no les ha resultado fácil madrugar con lo bien que se estaba en la cama, pero que, gracias a eso, han llegado a tiempo al instituto, no les han llamado la atención y tú te has ido tranquila al trabajo. Diles que te has dado cuenta de que han doblado la ropa y la han guardado en el armario, que seguro que podrían haber dedicado ese tiempo a algo que les interesase más, pero que, gracias a eso, no tendrán que pasar la mañana del sábado ordenando su cuarto. Diles que solo han llegado diez minutos más tarde de la hora acordada, en lugar de la media hora que suelen tardar, que seguro que les ha costado mucho dejar a sus amistades y volver a casa, pero que han llegado casi puntuales y que eso ha hecho que podáis cenar juntas y estar tranquilas en casa.

Verbaliza las mejoras, el esfuerzo que les ha costado y lo que han conseguido gracias ellas. Así transmitimos la idea de que equivocarse supone la posibilidad de aprender a hacerlo mejor, y que esforzarse en mejorar supone sentirse más capaces de hacerlo por ellas mismas. Si les das espacio para que hagan algo por ellas mismas, les ofreces la oportunidad de equivocarse, les brindas la posibilidad de pensar en sus errores y les das la ocasión para volver a intentarlo, aumentas sus capacidades, su confianza en ellas mismas y su autoestima.

13

Los mensajes más peligrosos

Para tener una buena autoestima debemos saber que nuestra conducta no define quiénes somos. Como veremos más adelante, en la construcción de la identidad participan muchos elementos, además de las conductas. Es importante que seamos conscientes de que no somos lo que hemos hecho en un momento determinado. Un mal día podemos haber reaccionado de forma agresiva, pero eso no significa que seamos violentas. En una época quizá abandonamos una actividad o un proyecto por miedo, pero eso no significa que seamos cobardes. Puede que alguna vez hayamos tropezado o que se nos haya caído algo de las manos, pero eso no significa que seamos torpes. Quizá hemos necesitado estar un tiempo sin hacer nada, pero eso no significa que seamos vagas. Suspender un examen no significa que no seamos inteligentes. Tener la habitación desordenada no significa que seamos caóticas. Llorar no significa que seamos débiles.

Separar lo que hacen o cómo se comportan de quiénes son o llegarán a ser es muy importante para ayudar a tus amivis a mantener su autoestima en buen estado. Las palabras que escogemos cuando nos comunicamos son fundamentales. El lenguaje es crucial en el desarrollo de la autoestima, y tu tarea no es mostrar que apruebas o desapruebas lo que hacen, lo que dicen o lo que les gusta. El lenguaje será uno de tus recursos para ayudarlas a quererse y a valorarse. Nuestra tarea como personas adultas que las acompañamos es transmitirles un modelo respetuoso y compasivo de hablarse a sí mismas y a las demás personas. Como en todo, para empezar a ser conscientes de lo que decimos y de cómo lo decimos tendremos que sentarnos con nosotras mismas, reflexionar y empezar a hacer algo de forma diferente cuando sepamos qué queremos cambiar. Sin acción, no hay cambio, ya lo sabes.

¿Cómo sueles comunicarte con las personas adolescentes de tu vida? Piensa en las palabras que usas habitualmente y en cómo sueles utilizarlas. ¿Usas muchos adjetivos? ¿Haces preguntas? ¿Sueltas sentencias? ¿Das discursos? ¿Ordenas? ¿Haces críticas constantes? ¿Das tu opinión sin que te la pidan? ¿Les dices que algo está bien y después que eso mismo está mal? ¿Vinculas su conducta a tu atención o a tu afecto? «No pareces mi hija», «No te reconozco», «No me gusta la música que escuchas», «No sé de dónde has sacado eso, en casa no lo has visto», «¿Es que nunca puedes hacer lo que se te dice?», «Si haces eso, me vas a decepcionar», «Lo que tienes que hacer es salir más».

Todo lo que les digas se acumulará, compactará y aparecerá en cualquier momento de su vida como una pastilla de caldo concentrado, para expandirse de manera silenciosa y hacerlas sentir mal. Puede que, de adultas, cada vez que se sienten en el sofá, se presenten sigilosamente todas las veces que les dijiste que tirarse en el sofá sin hacer nada era «de vagas». Puede que todos esos comentarios que hiciste las impulsen a lanzarse a hacer cosas sin parar. Porque no se puede parar. La gente «de bien» hace cosas. Si te paras, no eres válida. Es solo un ejemplo para subrayar la importancia de ser conscientes de cómo nos hablamos y, en especial, de cómo hablamos a las personas que están en desarrollo.

Los mensajes más peligrosos son los que ya no escuchamos pero forman parte de nosotras porque se han disuelto y fusionado con nuestros propios pensamientos, los que empiezan a integrarse en nuestro discurso interno. Con esta lectura pretendo que te animes a comunicarte con tus amivis de otro modo. Entrenar cómo les hablamos es más importante que ejercitar nuestros músculos en el gimnasio. Sin embargo, muchas personas van al gimnasio y no tantas aprenden a usar el lenguaje de forma asertiva e inclusiva. Hagamos que crezca este segundo grupo.

Voy a aprovechar que hablamos del lenguaje para comentarte algo. Hace un tiempo emprendí un proceso para hacer más inclusiva mi forma de hablar. Esa búsqueda me llevó a concluir que todas somos personas, sustantivo femenino, y a utilizar el genérico femenino. Hasta el momento, es la forma con la que me siento cómoda. Cuando empecé, parecía imposible cambiar el masculino genérico, y las reacciones de mi entorno fueron notables. Tras varios años utilizando el lenguaje de esta forma, lo que se me hace extraño es volver a usarlo como antes. A veces me cuesta encontrar la forma más inclusiva de decir algo, pero me esfuerzo. Te explico esto para decirte que podemos entrenar nuestra forma de comunicarnos, de hablarnos y de hablar a las demás personas. Es posible escoger las palabras y usar formas de transmitirlas que faciliten la comunicación. Si cuidas tu lenguaje, transmites un modelo que les servirá para relacionarse en el futuro. El esfuerzo que hagamos ahora va más allá de nuestro bienestar y se convertirá, además, en parte de la transformación que el mundo necesita para ser un lugar mejor para todas.

14

Descubre las alteraciones

Si quieres descubrir lo que piensan y dicen sobre ellas, será necesario que, a diario, las observes con atención a una distancia prudente. De ese modo identificarás las alteraciones de la percepción que tienen de ellas y descubrirás cómo se está traduciendo eso en su forma de verse, pensarse y proyectarse ante las demás personas de su vida. Para identificar esos pensamientos intrusos y ayudarlas a ajustar su imagen, pensarse y hablarse mejor, puedes utilizar diferentes estrategias. En este capítulo encontrarás algunas que te permitirán aportarles perspectiva mientras crean su primera selfi y empiezan a valorarla.

El objetivo es que puedas detectar —en lo que te sea posible, desde tu humanidad— las alteraciones en su forma de verse y hablarse. Si lo haces, suavizarás su efecto en el proceso de desarrollo de la autoestima para que puedan construirla de forma ajustada a la realidad. Ponlas en práctica cuando te des cuenta de que lo que se dicen se aleja de lo que tú percibes de ellas y puede crearles una distorsión en la forma de verse, valorarse y quererse.

«Nadie me entiende»

En algunos momentos de la adolescencia, tus amivis pueden llegar a pensar que algo ocasional es habitual, y quizá sea así para siempre. Su percepción sobre el tiempo es diferente a la nuestra, y todavía no pueden anticipar, por lo cual a lo mejor creen que lo que les pasa ahora será así durante toda su vida.

Secuestradas por la intensidad emocional de esta etapa, pueden transformar un hecho puntual y aislado en una ley universal. Cuando dicen cosas como «Nadie me entiende», «Nunca me escuchan», «Todas me tienen manía», «Siempre me dejan sola», «Nunca me llaman», «No le caigo bien a nadie», «Nada se me da bien», «Nunca voy a aprobar», «Siempre me las cargo» y otras afirmaciones por el estilo, debemos ponernos alerta y ayudarlas a analizar ese veredicto. Esa es una señal de que tus amivis se están hablando mal y debes prestar atención para que esas palabras no se conviertan en creencias y formen parte de su identidad.

Cada vez que las personas adolescentes de tu vida se repiten afirmaciones tan categóricas, su autoestima se erosiona un poco más. Si andas cerca y las escuchas, usa el lenguaje para hacerlas reflexionar. Si quieres que se enfrenten a este tipo de sentencias, puedes preguntarles, para empezar, cómo han llegado a esa conclusión. Pídeles que enumeren los datos que tienen para afirmar de forma concluyente lo que han dicho. Pregúntales si tienen pruebas y cómo se han dado cuenta de que eso es así. Cuando te cuenten lo que sea, escucha con atención, incluso puedes escribir una lista con las diferentes razones que te den. Tómatelo en serio y transmíteles que tu intención es entender cómo se sienten para que se encuentren mejor.

Siempre recomiendo que tengáis a mano papel y boli cuando haya adolescentes cerca. Trasladar lo que hablamos al papel y hacerlo gráfico las ayuda a prestar atención, a aterrizar lo que les decimos y a concretar lo que les da vueltas por la cabeza. Con esa lista presente, pregúntales si creen que esas razones son suficientes para construir una ley universal y asegurar que esa afirmación es cierta o si, en cambio, hace referencia a algo distinto. ¿Sería posible que esta lista tuviese que ver con otra cosa en lugar de con su afirmación? ¿Podría ser que esos hechos tuviesen otro significado? ¿Podrían sacar una conclusión diferente a la que tenemos sobre la mesa? ¿Cómo podrían asegurarse de que se trata de lo que ellas piensan y no de algo distinto? ¿Qué podrían hacer para comprobar que esas razones responden a lo que piensan?

Si a Simone se le hubiese ocurrido pensar y decir que nunca llegaría lejos en el mundo de la gimnasia porque solo medía metro cuarenta y dos, quizá la hubiera ayudado que estuviésemos cerca y atentas para cazar su autosentencia. Hubiese sido de ayuda que nos sentásemos con ella y pusiésemos el tema sobre la mesa. Que buscásemos a otras gimnastas de la historia que tuvieran su tamaño y que hubiesen conseguido grandes logros. Que la animásemos a ampliar esa afirmación que la limitaba y la hacía sentir mal, a completar esa imagen de ella misma sumando las aptitudes que podían ayudarla a conseguir sus objetivos, que la impulsásemos a mirar más allá de su estatura. Es importante aportarles elementos de reflexión para que vean con perspectiva la autenticidad de esas afirmaciones. El propósito es que lleguen por sí mismas a una conclusión más ajustada a la realidad. Acompáñalas en todo ese proceso reflexivo, déjales espacio para pensar y no te desconectes hasta que compartan sus conclusiones.

Siempre en negativo

A veces, las personas adolescentes se quedan atrapadas en las cualidades que pueden mejorar o en los hechos desagradables que les suceden. Se concentran tanto en ellos que no perciben los matices positivos. Si con frecuencia detectas comentarios que destacan los aspectos negativos de las situaciones que viven, y que prescinden de todo lo positivo que forma parte de esas situaciones, prepárate para entrar en acción.

Si al acabar el partido solo hablan de que han perdido y de lo mal que han jugado, apórtales información a la que no prestan atención en este momento y que pueda equilibrar la balanza. Pregúntales qué les ha gustado del partido, si hay algo en lo que han destacado, si han disfrutado. Recuérdales que han ido a verlas sus amistades y que las han animado durante todo el partido desde la grada. Háblales de cuando remontaron en la segunda parte, de lo que han peleado, del gol tan bonito de su colega, de lo rápido que corren, de lo mucho que se nota que han mejorado, del puesto que ocupan en la liga, de los partidos que les quedan por jugar, de lo feliz que se les ve cuando juegan, de lo bien que se lo pasan durante los entrenamientos. Transmíteles que entiendes su rabia porque se habían esforzado mucho y ganar es una experiencia fabulosa. Que dedicar tanto tiempo a los entrenamientos y perder el partido puede ser decepcionante. Asegúrate de que les quede claro que entiendes cómo se sienten y recuérdales que hay más oportunidades, que la próxima vez podrán hacerlo de otro modo y quizá obtengan el resultado que esperan. Pregúntales qué mejorarían para conseguir otro resultado en la siguiente ocasión.

Es natural enfadarse o estar tristes cuando algo no ha salido como nos hubiese gustado. Quedarnos en esos estados emocionales durante demasiado tiempo, entre barrotes de pensamientos negativos que nos mantienen en esas circunstancias, no nos conviene. Si observas que tus amivis tienden a quedarse atrapadas en lo que no les ha salido como esperaban o en los elementos negativos de ellas mismas o de las situaciones que viven, puedes ayudarlas. Presta atención a las actividades estresantes en las que puedan darse resultados que no les favorezcan: exámenes, videojuegos, fiestas con altas expectativas, campeonatos, exhibiciones, vacaciones, viajes... Estate preparada cuando acaben esas actividades para ayudarlas a asumir sus resultados y a evitar que se digan que no sirven para algo, que son malas en eso y que, además, se lo crean. Cuando se fijan solo en lo negativo, tu misión es ayudarlas a sostener sus emociones y a ver la foto completa.

«SOY TONTA»

Algunas personas adolescentes utilizan expresiones despectivas para describirse. Si observas que tus amivis se insultan o se ponen etiquetas que no se corresponden con la realidad, prepárate para intervenir. En esos casos, puedes preguntarles a qué se refieren cuando se lo dicen. «¿Qué quieres decir cuando afirmas que eres tonta?». Se trata de que desarrollen un poco más la etiqueta con el objetivo de descubrir qué parte de ellas que no les gusta están exagerando.

Cuando amplifican una pequeña parte de ellas y se simplifican en una palabra o expresión concreta, se alejan de su complejidad y de todo lo positivo que forma parte de ellas. Quizá se digan que son tontas cada vez que se equivocan. Quizá se digan que son tontas cada vez que dicen algo que no quieren decir o hacen algo que no quieren hacer con sus amistades. Quizá se digan que son tontas cada vez que no se atreven a hacer algo que quieren hacer. Es importante que desarrollen esas ideas simplificadas de ellas mismas para desactivar el poder que tienen sobre su primera selfi y evitar que la desenfoquen. Invítalas a desglosar esa etiqueta y a buscar su causa.

¿En qué momento se han llamado tontas? ¿Qué ha provocado que se pongan esa etiqueta? ¿Suelen hacerlo en ocasiones similares? Las ayudamos si las invitamos a ver todas sus cualidades, no solo las que les pesan más porque no les gustan. Cada vez que se pongan una etiqueta desagradable y desajustada, invítalas a buscar tres que no lo sean. Hazlas reflexionar para que encuentren tres cualidades que les gusten. Las personas somos complejas, no existen etiquetas que reflejen todo lo que contiene nuestro interior, lo que hace que nos comportemos de una forma determinada.

Es importante que las ayudemos a no reducirse a una palabra o expresión que no hable más que de una pequeña parte de lo que son, y también lo es que evites etiquetarlas tú. Decirles que son vagas, torpes, manipuladoras, egoístas, etc., no las ayuda a crear esa primera selfi, a valorarla de forma adecuada ni a construir su identidad sobre una base segura.

MOVERSE ENTRE EXTREMOS

Las personas adolescentes viven en la inmediatez, sus mundos están siempre en presente. A causa de esa característica propia del momento de desarrollo por el que pasan —y de otras muchas—, quizá tiendan a moverse entre los extremos. O todo o nada. O siempre o nunca. O todas o ninguna. Estos extremos se suelen dar en las relaciones y con los logros personales (académicos, deportivos, artísticos...). «Si no saco notas altas, no llegaré a nada», «Si no estoy cuando mi amiga me necesita, dejará de ser mi amiga», «Si no hago todo lo que me pide mi pareja, dejará de quererme», «Si no gusto a todo el mundo, no le gusto a nadie», «Si no marco muchos goles, no soy buena futbolista»... Si detectas que las personas adolescentes de tu vida suelen actuar entre los extremos y notas que reaccionan de forma desajustada, con mucha rabia o una tristeza desmedida, por ejemplo, cuando no pueden hacer al instante lo que necesitan o no consiguen lo que querían como habían pensado, o que experimentan ansiedad cuando no pueden hacer lo que deben o dar lo que otras personas les piden, es momento de actuar.

Puede que sientan que las van a rechazar, que van a perder algo que les importa, que no las considerarán válidas si no hacen inmediatamente lo que se les pide o no consiguen lo que pretendían. Si la ansiedad aparece con frecuencia, además de buscar ayuda profesional, puedes plantearles algunas reflexiones, como pedirles que piensen en situaciones del pasado en los que su amiga no estuviera en un momento de necesidad para ellas y preguntarles a continuación si por ello dejaron de ser sus amigas. Puedes pedirles que piensen en otras ocasiones del pasado en las que no sacaron notas altas y, sin embargo, pasaron de curso con una buena media y sus profesores las felicitaron. O hacerles pensar en personas que no destacaban en los estudios, como Simone, pero que tienen una buena vida. Puedes preguntarles si querrían menos a su pareja porque un día no hiciesen algo que ellas le han pedido, o qué es lo peor que podría pasar si no hacen lo que deben o como tienen que hacerlo. Puedes invitarlas a pensar si les apetece o no hacer lo que les piden o tienen que hacer de una forma concreta, acordar con ellas otro momento para atender a esa persona o hacer de manera distinta lo que deben...

Hay muchas opciones, pero todas pasan por encontrar lo que existe entre un extremo y otro, por hacer visible la zona intermedia que en este instante no tienen en cuenta. Se trata de conseguir que piensen en la infinidad de posibilidades agradables que existen entre esos dos puntos tan alejados. Llévatelas a dar un paseo y pregúntales si algo de lo que ven les gusta. Invítalas a mirar más allá.

«Tengo la nariz demasiado grande»

Si me dieran un euro por cada adolescente que me ha preguntado alguna vez si tiene la nariz demasiado grande, el pecho demasiado pequeño, la cadera demasiado ancha, la cintura poco definida, las cejas demasiado gruesas, los ojos muy juntos...

Las personas adolescentes se analizan al milímetro cuando empiezan a elaborar su primera selfi. Como sabes, la adolescencia es tremendamente autoconsciente. Su mirada introspectiva busca revelar su imagen para entenderla y encontrar lo que significa en el mundo. Por eso, es probable que hagan comentarios sobre su físico en algún momento.

Este es un aspecto muy delicado en esta etapa, porque, si no se acompaña de la forma adecuada, puede tener consecuencias en su salud mental y afectar más allá del desarrollo de su autoestima. Cuando detectes que tus amivis están poniendo demasiada atención a una parte de su físico, distorsionándolo o comparándolo con una imagen idealizada de cómo deberían ser, observa si hay otras conductas asociadas a esos comentarios (si tienen problemas con la comida, si hacen demasiado ejercicio, si hablan mucho de su peso...). En ese caso, deberás buscar ayuda para descartar que se trate de un tema que requiera intervención profesional. Si no es así, céntrate en redirigir su atención hacia la imagen global y real que proyectan.

Lo primero será atender a la observación que hacen sobre ellas mismas, ese «Tengo la nariz demasiado grande». Puedes preguntarles qué les hace creer que eso es así, cómo han llegado a esa conclusión. Averigua cómo les gustaría tener esa parte de su cuerpo, pídeles fotos de referencia. Eso te dará pistas sobre las personas que ejercen influencia sobre ellas, en quién se miran y con quién se comparan.

Debes estar actualizada sobre sus referentes para entender, prevenir y atender situaciones como estas. Pregúntales qué partes de su cuerpo les gustan. Haz que presten atención a las partes de su cuerpo que no han destacado e incluye cualidades de su personalidad, de su carácter, de lo que se les da bien… Invítalas a pensar en esa parte de su cuerpo de otra forma.

Tener la nariz de un tamaño determinado, o tener cualquier otra parte de nuestro cuerpo de una forma determinada, no significa que no vayamos a gustarles a las demás personas o que no vayamos a tener una vida agradable. Solo hay un modelo al que debamos parecernos: nosotras mismas.

Que tengamos como referente a personas con cuerpos muy diversos es imprescindible para dejar de compararnos, aspirar a parecernos a quien no somos e intentar cambiarnos para estar más cerca de una imagen idealizada. Buscad personas que tengan una vida estupenda y la nariz grande. Las redes sociales son un peligro si escogen referentes muy alejadas de ellas, pero pueden ser de gran ayuda para ampliarles la mirada. Actualmente encontramos gente de todo tipo en las redes y, aunque tiene sus riesgos, nos resulta muy útil para ayudarlas a tomar perspectiva.

Si se instala en ellas la idea de modificar esa parte de su cuerpo, elaborad una lista de razones por las que sería recomendable hacerlo y una lista de razones por las que no sería aconsejable. Pregúntales qué opciones tienen para cambiarla y qué podrían hacer para aceptarla. Con todos esos datos y reflexiones, anímalas a valorar lo mejor para ellas. Pueden hacer cosas con las que se sentirán un poco mejor y que no implican un riesgo para su salud.

También puedes ofrecer las opciones profesionales a las que se puede acudir y que nos ayudan a sentirnos mejor con nosotras. Cuéntales que te pasaba lo mismo, que no te gustaba alguna parte de tu cuerpo y que eso no te impidió tener una buena vida. Es probable que ya tengas en mente algún momento de tu adolescencia en el que quisiste cambiar algo de ti. Explícales que es natural que haya algo en ellas que no les guste, pero que son más que una nariz o una cintura. Nuestra primera selfi se ve mejor al completo y si evitamos centrarnos en los pequeños detalles.

«LO QUE SIENTO ES LO QUE SOY»

En una etapa tan intensa como la adolescencia, podemos correr el riesgo de identificarnos con nuestras emociones y confundir lo que sentimos con lo que somos. Las emociones forman parte de nosotras y nos ayudan a entender lo que nos pasa. Son indicadores de algo que tenemos que atender para seguir adelante. En esta etapa es importante transmitir la idea de que lo que sentimos nace para contarnos algo que debemos considerar y que es temporal.

Las personas adolescentes todavía no pueden entender que eso que sienten no durará para siempre, de ahí la importancia de que las ayudemos a tomar perspectiva. Que ahora estemos tristes no significa que seamos personas tristes. Que a veces reaccionemos impulsadas por la rabia no es indicativo de que seamos personas agresivas. Que hoy nos haya ido mal en el instituto no quiere decir que toda nuestra vida sea un desastre. De la misma manera que mis conductas no son lo que soy, mis emociones tampoco. Que alguien manifieste alegría no es sinónimo de que sea feliz. Nuestras necesidades y experiencias provocan que sintamos y hagamos algo.

Con tus amivis, es importante que transmitas las emociones como lo que son: estados temporales que nos ponen en acción para ocuparnos de algo que nos pasa. Puedes ayudarlas a llegar a ese algo invitándolas a reflexionar: ¿desde cuándo se sienten así? ¿Ha habido algún momento en el que hayan dejado de sentirse así? ¿Qué estaban haciendo en ese momento? ¿Se habían sentido antes de este modo? ¿Qué han hecho cuando se han sentido así en el pasado? ¿Qué tienen ganas de hacer? ¿Cómo pueden solucionar lo que las hace sentir así? ¿Puedes ayudarlas para que esa situación cambie? Las ayudas si contribuyes a atender lo que sienten en su justa medida y a ponerse en acción para ocuparse de las circunstancias que las están haciendo sentir así.

«SOY RESPONSABLE»

Algunas personas adolescentes tienden a creer que todo lo que pasa es por y para ellas. Hacen generalizaciones de sucesos fortuitos y se atribuyen sus causas. «Si mi amiga ha anulado nuestro encuentro, es porque no merece la pena quedar conmigo»,

«Si mi amiga me dice que está agobiada, es porque la agobio», «Si mi pareja rompe la relación, es porque no soy suficientemente buena». Si detectas esta forma de proceder en tus amivis, ayúdalas a describir y delimitar lo que está sucediendo.

Para evitar que se sientan protagonistas de las películas menos premiadas de la historia, puede serte útil invitarlas a encuadrar la situación y a identificar las causas y características del suceso. ¿Es probable que la amiga haya anulado el encuentro por otro motivo? ¿Es factible que ella esté agobiada por otras causas? ¿Es posible que en la relación hubiese algo que no funcionase por ambas partes? ¿Había pasado antes? ¿Cuántas veces? Hazles preguntas para entender el origen o la causa de la situación y visualizar todas las escenas hasta que se ha producido el desenlace que las empuja a afirmar eso. Entre que su amiga ha quedado con ellas y que anula el encuentro han podido pasar muchas cosas. Pensad en lo que ha podido ocurrir, invítalas a recordar si ha sucedido en otras ocasiones, si ellas han anulado un encuentro…

La idea es que puedan analizar la situación para contemplar otras posibilidades que han podido llevar al desenlace de esa historia y que van más allá de ellas. Lo que pasa puede tener diferentes causas, y no siempre somos responsables de que algo salga mal o no salga como nos hubiese gustado.

«No me va a gustar»

Una buena autoestima permite que nos enfrentemos a los diferentes retos de la vida con más seguridad. Algunas adolescentes evitan las experiencias nuevas de forma recurrente, verbalizan que no les van a gustar o que no se les van a dar bien ciertas actividades, o suelen hacer predicciones desfavorables sobre lo que va a pasar si hacen algo o sobre lo que otras personas pensarán de ellas. Estas profecías, en las que siempre suelen salir perdiendo, indican que su autoestima no está en muy buen estado.

Si tus amivis hacen pronósticos basados en su imaginación y no están a su favor, urge trasladar su mirada desde ese futuro hipotético al presente. Nadie puede saber que algo no le gusta si no lo ha probado. Nadie puede saber que no le cae bien a alguien si no se lo pregunta a las claras o si esa persona no se lo dice. Nadie puede saber si se lo va a pasar bien o no haciendo algo que nunca ha hecho hasta que no lo hace. Las suposiciones no son evidencias.

Es importante que negocies con ellas cuando tus amivis se aventuren a afirmar que algo no les va a gustar sin probarlo o a decir que no se van a sentir bien si hacen algo por primera vez. Incluso aunque un día fuesen al parque de atracciones, montasen en la montaña rusa y lo pasasen mal, no significa que siempre vayan a agobiarse en el parque de atracciones.

En esos casos, intenta que se concentren en los detalles de la actividad que conocen y sobre los que tienen datos. Imagina que les cuesta relacionarse y que necesitan desarrollar sus habilidades sociales. Por ejemplo, les propones que vayan de campamentos en verano y te dicen que no. Ese «no» puede estar impregnado del miedo de estar con otras personas, lejos de casa, no poder usar la Play durante días, etc. En esos casos, puede serte útil destacar características de la actividad que les suelen gustar. Si es en la montaña y sabes que suelen pasárselo bien cuando hacéis excursiones en la naturaleza y que les gustan los ríos, resalta esa parte de la actividad y recuérdales lo bien que se lo pasaron el verano anterior cuando estuvisteis de acampada. Puedes acentuar las actividades que se harán en el río. La intención es que conecten sus intereses con partes de la actividad y que puedas recordarles momentos pasados en los que disfrutaron haciendo eso o algo similar.

Como la idea es vencer la resistencia a participar, si el «no» es muy persistente, puedes negociar que lo prueben durante un tiempo con opción a abandonar si no se sienten bien. Muchas veces lo hacen de mala gana y luego continúan participando. Si después de probar no les gusta, no tienen por qué seguir haciéndolo. Todas hemos probado algo que no nos ha gustado, pero lo importante es que prueben y venzan las profecías de su imaginación.

Es importante que las animemos a probar para evitar que basen sus decisiones en suposiciones y saquen conclusiones sin fundamento. En la misma línea, también pueden creer que otras personas piensan algo desagradable de ellas. Cuando te encuentres en esta situación con tus amivis, pregunta cómo lo han sabido. ¿Qué han dicho sobre ellas? ¿Cómo se han enterado? ¿Han preguntado a esas personas si piensan eso de ellas? Conocer y analizar los acontecimientos les permitirá tomar perspectiva y hacer deducciones más acertadas.

«Necesito hacerlo así»

Cuando las personas adolescentes empiezan a experimentar los grandes cambios que se producen en esta etapa, pueden sentir la necesidad de controlarlos o verse desbordadas por ellos, es decir, sin control sobre lo que les pasa. Cuando la transformación física es evidente y empiezan a mirarse para crear su primera selfi, pueden sentir el impulso de frenar esos cambios, esconderlos o dominarlos. Por eso comienza a interesarles la alimentación, buscan dietas, hacen ejercicio, visten con ropa ancha o demasiado ajustada, se maquillan, se ponen cremas... Simone podía ponerse unos taconazos para compensar lo que creía que podía ser una desventaja para sus relaciones sociales.

Los cambios en su forma de relacionarse, sentir y pensar las pueden llevar a controlar o desatender sus responsabilidades académicas y sus relaciones. Algunas personas adolescentes sienten que son responsables de todo lo que les pasa. Se obsesionan con los estudios y experimentan mucho estrés cuando su rendimiento académico no resulta como esperan. Otras, sin embargo, se posicionan en el lado opuesto y parecen despreocuparse por todo lo relacionado con ese aspecto de su vida. Algunas amivis se obsesionan con sus relaciones y experimentan estrés cuando algo no funciona en ellas. Otras abandonan sus relaciones aparentemente sin inmutarse. Todas esas situaciones tienen el poder de estresarlas, aunque no lo parezca, e impulsarlas a hacer algo que no saben cómo resultará con la intención de controlar lo que sucede. Controlar sus emociones, controlar sus relaciones, controlar su cuerpo.

Algunas personas adolescentes pueden reaccionar aumentando el control sobre los diferentes aspectos de su vida que se están transformando o abandonarse, abrumadas por los cambios. «Como no me siento bien cuando salgo, me quedo en casa y digo que las demás personas son "inmaduras"», «Como no me siento bien en el instituto, me convierto en alguien imprescindible para mis amistades y no falto nunca a sus encuentros», «Como tengo que sacar las mejores notas, hago jornadas de estudio maratonianas, y desatiendo otros aspectos importantes de mi vida, me levanto temprano el día del examen para estudiar y vivo la prueba con ansiedad», «Como no me gusta ver mi cuerpo, evito al máximo las duchas, los vestuarios, los probadores y los espejos». Estos son solo algunos ejemplos de las infinitas posibilidades.

Si detectas que tus amivis intentan controlar algunos de los cambios que experimentan, procura darles seguridad y estabilidad. Observa su conducta y su estado de ánimo en todo lo relacionado con su aspecto, con el centro educativo y con sus amistades. Lo que les pasa puede afectar a su estado emocional y traducirse en conductas de control o descontrol. Puedes seguir cinco pautas que desarrollo a continuación y que te serán útiles para transmitirles la seguridad y la estabilidad necesarias para vencer la necesidad de controlar o de abandonarse.

1. **Diles a diario que son queridas y valoradas.** Usa palabras, gestos o acciones, pero es importante que lo hagas sin esperar nada a cambio. No te abrazarán o te devolverán un comentario agradable, pero no te desanimes.

Necesitan su dosis de amor familiar, aunque no la pidan o, incluso, la rechacen.

2. **Especifica lo que esperas de ellas y justifícalo.** Puedes decir, por ejemplo: «Hacer una dieta por tu cuenta sin saber si es adecuada para ti puede afectar a tu salud. Si quieres ponerte a dieta me gustaría que te acompañase una profesional de la nutrición. Te lo pido para que tu salud no se resienta y puedas conseguir tu objetivo de la mejor forma posible». Verbaliza la hipótesis, pídeles lo que quieras y explícales el motivo de tu petición: «Si te quedas estudiando hasta tarde y mañana quieres levantarte temprano para estudiar, puede que a la hora del examen estés cansada y no pienses con claridad. Me gustaría que te fueses a dormir temprano para que mañana puedas hacer el examen tranquila y obtener el resultado que te mereces por tanto esfuerzo».

Esta segunda pauta tiene que ver con el establecimiento de límites. Los límites nos aportan seguridad, nos permiten cuidarnos y convivir mejor. En la adolescencia, los límites deben estar claros y las consecuencias de sobrepasarlos, también. En mi primer libro puedes encontrar información sobre este tema. Sin embargo, es preciso señalar que los límites siempre van acompañados de las consecuencias de su incumplimiento, y que siempre es mejor que esas consecuencias se pacten con las personas adolescentes y que sean lógicas, es decir, que estén relacionadas con la conducta que se quiere mejorar y que sean proporcionadas.

Una consecuencia lógica de volver una hora más

tarde de lo acordado, por ejemplo, sería volver una hora antes al día siguiente, previo acuerdo con la adolescente.

3. **Anticipa para ofrecer seguridad y estabilidad.** Prepararlas y hacerlas reflexionar sobre lo que pueden esperar de las situaciones potencialmente estresantes, además de pensar en las diferentes alternativas que tienen si se encuentran en alguna de ellas, es muy útil para rebajar la necesidad de control y evitar los abandonos. Por ejemplo, si sabes que siempre que tienen un examen se estresan y que se han bloqueado en alguna ocasión, anticípate y enfócate en cuidarlas los días previos. Evita sumarles estrés o exigirles de más durante esos días. Repasa con ellas algunas prácticas que las harán llegar al examen más tranquilas (dormir, realizar deporte, hacer respiraciones profundas, tomar un baño relajante, hacerse un masaje…). Reflexiona con ellas sobre las opciones que tienen si notan que se ponen nerviosas antes del examen.

4. **Ajusta sus expectativas para reducir el estrés y minimizar el impacto de las experiencias de fracaso.** Las expectativas que nos creamos tienen que ver con nuestra esperanza de que algo pase de una determinada manera. La expectativa se conjuga en futuro porque no existe en el presente, y puede o no tener una base razonable. Podemos tener o no posibilidades reales para que todo vaya como hemos imaginado. Todas nos creamos expectativas. No se trata de eliminarlas, sino de que no nos nublen la vista y nos alejen demasiado del lugar en

el que estamos. Es muy importante que las ayudes a ajustar sus expectativas para rebajar el estrés que las lleva al control o al descontrol.

Si, por ejemplo, detectas que están hablando de que no van a aprobar el examen porque, aunque han estudiado, es muy difícil y seguro que la profesora puntúa bajo o se van a agobiar porque es una materia que les cuesta, encuentra con ellas puntos de referencia a los que puedan agarrarse. Pregúntales si creen que están preparadas para aprobar, si han dedicado el tiempo suficiente para sacar un aprobado. Huye de exigir notas altas o de incluir tu opinión sobre su dedicación. Pídeles que piensen en lo que está en sus manos para vivir esa situación de la mejor forma posible. No pueden saber las preguntas que saldrán en el examen, pero pueden recordar en qué temas ha insistido más la profesora y repasarlos. No pueden controlar cómo puntúa, pero sí tener en cuenta que valora que la presentación sea buena y concentrarse en hacer buena letra y no tachar palabras. Pueden desarrollar lo que está en sus manos para enfrentarse al examen de la mejor forma posible. Pídeles que te describan qué pueden hacer para ir al examen más tranquilas y con el único objetivo de superarlo. Háblales de lo positivo de la situación en la que están (tuvieron buena nota en el primer examen, pueden recuperar, han estudiado mucho, etc.) y pregúntales por las posibles soluciones si no llegan al cinco.

La idea es rebajar el estrés desenmarañando todos

esos pensamientos intrusos que no les dejan ver la situación con objetividad. Necesitamos que puedan agarrarse a algo y que sientan que dominan la situación, que no son víctimas ni están a expensas del destino. Las expectativas desajustadas pueden hacer que los fracasos se vivan peor y que los éxitos no se disfruten.

5. **Ajusta tus expectativas a las circunstancias de tus amivis y evita transmitírselas constantemente.** Tus expectativas sobre su cuerpo, sus estudios o sus relaciones ejercen una presión innecesaria. En la adolescencia, los fracasos pueden vivirse como definitivos, es decir, como sucesos irreparables e irreversibles.

Muchas personas adolescentes pueden confundir el fracaso con la imposibilidad de conseguir su objetivo. Tras esforzarse mucho por algo, o ponerle mucha ilusión, y que ese algo no resulte como esperaba, su estado emocional puede empujarlas a abandonar, entre otras cosas.

Es importante que encuadres bien el fracaso, que las ayudes a sostener la frustración y puedas darles perspectiva sobre sus posibilidades futuras. Recuerda que la adolescencia no mide el tiempo como las personas adultas, y le cuesta entender que en el futuro no se sentirá como ahora. Estate atenta cuando tus amivis pongan expectativas en algo, tengan ilusión o se esfuercen por conseguir algo. La sensación de fracaso puede empujarlas a abandonar o a obsesionarse con conseguirlo. Si tras un fracaso manifiestan que quieren abandonar, recuérdales el esfuerzo que han aplicado, háblales de Simone o de otras personas que hayan conseguido sus objetivos después de muchos fracasos, recuérdales los pequeños logros de su proceso, hasta dónde han llegado, el tiempo que han invertido, lo bien que se sienten cuando lo consiguen y lo bien que se sentirán al final.

Enséñales la foto de Simone con su primera medalla de oro. Si se obsesionan con ello y empiezan a dejar de lado todo lo necesario para su desarrollo, procura que equilibren sus tiempos y acuerda con ellas aumentar la dedicación en una proporción que les permita realizar sus demás actividades. La idea es estar atentas para detectar esas descompensaciones que pueden tener como consecuencia la obsesión por el control o el abandono prematuro de actividades importantes para su desarrollo y su transición a la vida adulta.

«Soy la mejor»

Como habrás notado, en los puntos anteriores he usado ejemplos en los que las personas adolescentes dan muestras de una autoestima poco saludable, pero… ¿Qué pasa con las que parece que tienen una autoestima «demasiado» buena y verbalizan que ellas «son las mejores»?

Vaya por delante que ese tipo de soberbia no es, necesariamente, señal de una buena autoestima. Recuerda que la buena autoestima no suele llamar la atención. Puede que sea su forma de protegerse ante las enormes inseguridades que les provocan los cambios de la etapa, entre otras. Ya sabes que cada caso es único, que no todo puede aplicarse a todo el mundo y que es importante analizar la situación de cerca para valorarla.

También hay que destacar que tener una autoestima «demasiado» buena es más práctico que tener una autoestima «menos» buena, y más en el mundo en el que vivimos. Tenerse en alta estima es estupendo, otorgarse un alto valor puede ser muy útil para nuestra trayectoria personal y profesional. Siempre y cuando, claro, no menospreciemos y dañemos a quienes nos rodean. En todo caso, para ayudarlas a ajustar esa autoestima que te parece desorbitada, puedes actuar siguiendo las pautas de los puntos anteriores, dando perspectiva y ayudándola a ver sus limitaciones. Tan importante es detectar nuestras fortalezas como nuestras debilidades. No ver las propias debilidades podría considerarse una debilidad en sí misma. Recuérdales que la humanidad es imperfecta y que es fantástico conocer el valor que una tiene, pero que nadie es mejor que nadie, y que el hecho de considerarse genial no da derecho a hacer daño a otras personas.

15

Pule las alteraciones

Conocer las alteraciones más comunes nos permite detectar lo que no funciona y mejorarlo. Además de ayudar a las personas adolescentes de nuestra vida a ser más precisas y rigurosas en lo que se dicen a ellas mismas y en la percepción que tienen de la imagen que proyectan, es importante que sigamos algunas pautas para no obstaculizar el proceso de construcción de su primera selfi y, con ello, el desarrollo de su autoestima. En los diferentes apartados de este capítulo encontrarás algunas estrategias que puedes empezar a utilizar con las personas adolescentes de tu vida para ayudarlas en esa gran tarea.

DESCUBRE Y RESPETA LA NECESIDAD

Nuestra conducta, lo que hacemos o decimos, es una forma de adaptarnos a lo que nos pasa. Solemos tender a agarrarnos a lo que nos ha funcionado en el pasado, así que cuando detectes una de las alteraciones anteriores, es probable que esté cumpliendo una función para tus amivis que tiene que ver con sentirse seguras, con darse una explicación de lo que sucede para enfrentarse a la situación y seguir adelante sin perder el control.

Como la complejidad humana es extraordinaria, lo paradójico es que, a veces, lo que hacemos y nos decimos, en vez de hacernos sentir más tranquilas, deteriora silenciosamente nuestra autoestima y la imagen de nosotras mismas. Por eso es tan importante que entrenes tu observación en clave de imaginar la historia que cuenta lo que hacen o dicen. Detrás de cada conducta se esconden necesidades, pensamientos, emociones. Recuerda: lo que les pasa no es personal, es cerebral. No es contra ti, te necesitan con la mente clara.

Tus amivis están construyendo su propio sistema de valores y creencias que guiará su forma de actuar en la vida adulta, pero sigue en desarrollo. Que tú tengas un sistema de creencias y valores que has formado a partir de las experiencias que has vivido no significa que ellas lo compartan. Por eso tu mirada tiene que ir más allá de mejorar su conducta según tus creencias, valores y aprendizajes. Debes mirarlas para comprender su necesidad, acompañarlas para que hagan sus aprendizajes y construyan su sistema de creencias y valores.

Ante lo que hagan o digan, antes de intervenir, pregúntate: «¿Qué necesidad expresan mis amivis con esta conducta?», «¿Puedo ver en ella alguna de las cualidades más bonitas y favorables que tienen?», «¿Cómo puedo ayudarlas a expresar esas cualidades mientras cubro las necesidades que se esconden tras esa conducta?», «¿Cómo las ayudo a mejorar?». Así evitarás pasarlas por el rasero de tus valores y juzgarlas.

Por ejemplo, imagina que tus amivis insisten en que las lleves a casa de su amiga y estáis en medio de una comida familiar. No dejan de pedirte que las lleves ya. Tú consideras que es pronto, y tu sistema de creencias te dice que no es bueno que estén tan enganchadas a su amiga, que deberían dedicar más tiempo a la familia. En este caso, puedes decirles de forma tajante, y muy seria, que esperen, lo que puede suponer malas caras y una discusión delante de toda la familia, además de un golpe a su autoestima («Nadie me entiende, no tienen en cuenta mis necesidades»), o mirar para descubrir su necesidad y detectar si hay una alteración por alguna de las dos partes. Imagina que su amiga les ha pedido que vayan porque está mal y necesita hablar con ellas. Ellas quieren ser leales y acompañar a su amiga en este momento de necesidad. Recuerda que viven en la inmediatez y que pueden sentir que su amiga va a dejar de buscarlas si no van ya. Recuerda que aún no actúan como las personas adultas, sino que están en el momento de aprender a hacerlo a su manera. Después de respirar, enfocar tu mirada e imaginar su necesidad, diles que te gusta que sean amigas leales y tenaces. Y ahí puedes empezar una negociación. Diles que entiendes que necesiten salir en ese instante porque su amiga las necesita, pero que acaban de servir el postre y que calculas que tenéis para una hora. Puedes preguntarles si creen que sería posible llevarlas entonces. Anímalas a que le expliquen la situación a su amiga y que le pregunten si le iría bien verse en una hora y media, en lugar de en ese momento. Si creen que su amiga no puede esperar, pregúntales qué pueden hacer para que se sienta mejor hasta entonces. Aliéntalas para que envíen a su amiga un mensaje de voz, un meme o una foto divertida hasta que puedan ir a su encuentro, o bien a que le hagan una llamada rápida. Es solo un ejemplo. Creatividad al poder. Poner toda tu creatividad al servicio de tus amivis puede proporcionarte muchas alegrías.

Como todo, supone entrenar la manera de mirarlas y de intervenir. Requerirá de toda nuestra atención cuando empecemos a construir esta nueva forma de relacionarnos con ellas, intentando suavizar la fuerza con la que aparece nuestro sistema de creencias y valores cuando sus opciones sean muy distintas a las nuestras. Así pues, ante una conducta adolescente que requiera de tu atención, intenta detectar las cualidades favorables de tus amivis. Después, verbaliza y pon en valor esas cualidades. A continuación, hazles una propuesta o demanda o empieza una negociación, según requiera el momento, para llegar a un acuerdo. Es uno de los procedimientos que puedes integrar en tu día a día con las personas adolescentes de tu vida.

Antes de intervenir, enfoca la mirada e imagina su necesidad. Al hacerlo, valida sus emociones, haz demandas/propuestas concretas, empieza una negociación y llega a un acuerdo. Sus necesidades en esta etapa son tan importantes para su desarrollo como las que tuvo en la infancia.

Si observas una conducta irrespetuosa hacia otra persona o hacia ti, habla con ellas. Recuerda explicar los hechos de forma simple y sé concreta, comenta las emociones que ha podido sentir la otra persona o tú, si es el caso, expresa la necesidad que se da en ese entorno y haz una demanda concreta. Por ejemplo: «Antes estábamos hablando y te has ido dejándome con la palabra en la boca. Me he sentido triste y desorientada. Necesito acabar las conversaciones que empezamos, así que te pido que la próxima vez no te vayas hasta que acabemos de hablar». Recuerda que queremos aportarles recursos para que aprendan a responsabilizarse de sus decisiones y a expresar sus necesidades de forma respetuosa para que sean autónomas y su autoestima se mantenga sana.

Ten presente que sus necesidades no son las que tuviste a su edad ni las que tienes ahora porque estás en otro momento de tu ciclo vital que ellas aún no pueden entender. La época en la que están viviendo su adolescencia es distinta de la época en la que la viviste tú, y juzgar sus necesidades o preferencias puede afectar a su primera selfi y al desarrollo de su autoestima.

Descubre y valora la diferencia

La diversidad es la condición natural de la humanidad. No reconocerlo a estas alturas es negar la evidencia. Somos diversas, y a todas nos une el impulso de vivir. Para reforzar la autoestima de las personas adolescentes de tu vida, destaca sus cualidades y verbaliza el valor de sus singularidades. Obsérvalas para identificar qué tenéis en común y, sobre todo, qué os diferencia. Busca aquellas cualidades y características distintas a ti o al resto de la familia. No las ignores, las invisibilices ni las critiques. Al contrario, verbalízalas junto con las que compartís.

Si tus amivis y tú tenéis en común vuestra habilidad para

las matemáticas, pero además ellas tienen un don para la música del que carece el resto de la familia, destácalo como algo valioso. Verbaliza que se les dan bien las matemáticas como a sus hermanas y a ti, y que también tienen un oído estupendo para la música. Esta puede ser una ocasión para sacar tu cuaderno y hacer un ejercicio sobre todas las cualidades de tus amivis distintas a las que tienes tú.

Nuestras diferencias enriquecen el mundo y nos ayudan a ampliar la mirada. No pierdas la oportunidad de sumar a tu perspectiva lo que tus amivis te aportarán con la suya. No les exijas ser igual que nadie. No las compares con otras personas que se acercan a lo que aprueba tu sistema de creencias y valores. No critiques sus condiciones solo porque no las entiendas, infórmate. Refuerza sus opciones, por mucho que difieran de las tuyas.

DESCUBRE Y VERBALIZA LAS LIMITACIONES

Desarrollar una buena autoestima pasa por tomar consciencia de nuestras limitaciones y debilidades. Si las identificamos, las reconoceremos cuando aparezcan y podremos superarlas. Esta es una parte poco agradable porque tus amivis pueden confundir el reconocimiento de una limitación con una crítica.

Es importante dejarles claro que sus limitaciones no las definen, que todas las tenemos y que, si queremos, podemos mejorarlas. Puedes explicarles cómo superaste tú algunas de tus limitaciones, cuáles tienes ahora mismo y qué estás haciendo para vencerlas. También puedes hablarles de las limitaciones que aún no has conseguido superar. La idea es alejarlas de la necesidad de ser perfectas e ir sembrando en su mente que la humanidad es compleja y que, aunque tengan debilidades, las quieren y las querrán por ser ellas mismas.

Puedes preguntarles si conocen las limitaciones y debilidades de sus amistades. Si el hecho de que las tengan hace que las quieran menos. Puedes mostrarles personas históricamente relevantes que superaron las suyas. Simone sería un buen ejemplo. Esos mensajes generales deben ir acompañados de otros concretos que las enfoquen en las limitaciones que tienen y las pongan en acción si quieren superarlas. Para ello, primero tienes que reflexionar sobre las limitaciones de tus amivis. ¿Las conoces? Algunas podrás recordarlas y anotarlas en tu cuaderno. Otras aparecerán en vuestro día a día y las irás percibiendo mejor a medida que entrenes tu mirada para hacerlo. En cualquier caso, es importante que, si aparecen, puedas verbalizarlas de la forma más respetuosa posible y que, si las superan, también hables de esos logros. Puedes decirles que has observado que se ponen nerviosas hasta bloquearse antes de un examen. Pregúntales si creen que tienes razón y si lo habían notado. Averigua desde cuándo les pasa y si tienen alguna estrategia para calmar esos nervios antes de empezar la prueba. Pregúntales si les gustaría estar más tranquilas antes y durante los exámenes. Averigua si quieren aprender a calmarse para que no afecte a su rendimiento después de estudiar tanto.

Se trata de comentarles tu observación sin que parezca un juicio o una crítica para, a continuación, preguntarles si creen que les sucede lo que les estás comentando, si se habían dado cuenta, transmitirles que hay formas para que deje de pasarles y preguntarles si les gustaría que eso no les sucediera más. Es importante transmitirles que son protagonistas de sus decisiones y que pides su opinión ante lo que has observado. Por ejemplo, puedes decirles que has visto que, cuando no encuentran nada que ponerse, dejan de salir con sus amigas. Pregúntales si creen que tu observación es acertada y si son conscientes de que les pasa. Averigua si querrían salir con sus amigas a pesar de no encontrar nada que ponerse, si les gustaría que eso no les sucediera y comentarles que existen medios para lograrlo.

Siempre que hagas un comentario sobre alguna de sus limitaciones, a menos que ellas quieran hablar, deja que reflexionen y procesen lo que les acabas de decir. Es probable que más adelante vuelvan sobre el tema. Si no lo han hecho, puedes preguntarles días después si han pensado en tu observación. Se trata de poner un poco de luz sobre lo que las condiciona en su día a día y pueden cambiar. Si piden ayuda para mejorar ese aspecto de su vida, buscad la mejor manera de hacerlo, involúcralas en su proceso de cambio y plantead objetivos pequeños.

Así, en el caso de la ropa, un objetivo pequeño puede ser prepararla con antelación, con tu ayuda, si es necesario. Por lo que se refiere a los exámenes, una meta pequeña puede ser favorecer el sueño la noche anterior o hacer unos ejercicios de respiración antes de empezar la prueba, leer un mensaje que se hayan escrito en el que se digan que otras veces lo han conseguido… Lo importante es que les pidas que se marquen un propósito sencillo, que escuches las formas de solucionarlo que te proponen y que las animes para que escojan el primer paso que quieren dar.

Quédate a su lado durante todo el proceso de elección de los objetivos, procura que se fijen metas claras y realistas, presta atención a los días posteriores para observar si los llevan a cabo, haz un seguimiento de los resultados que van obteniendo y verbaliza sus logros cuando lo consigan. Si observas que han quedado con sus amigas por la tarde y se han pasado la mañana preparando el modelito que van a llevar, felicítalas por haber cumplido su objetivo. Si has notado que la noche anterior a un examen se han ido a dormir antes de lo habitual, verbaliza por la mañana que han conseguido lo que se habían propuesto. Lo importante es poner el acento en el esfuerzo por perseguir el objetivo y hacer un seguimiento de lo que pasa después. Cuando queremos cambiar algo, lo más difícil es mantenernos firmes en la decisión de cambiar y en el compromiso de hacerlo de forma diferente para conseguirlo. Es muy fácil recaer y volver a los comportamientos anteriores, así que, si recaen, refuerza que vuelvan a intentarlo una vez más, y otra...

DESCUBRE Y REVELA SUS LOGROS

Como has visto, poner el foco sobre sus logros es fundamental para la autoestima de las personas adolescentes de tu vida. Si Simone no hubiese tenido un equipo que le devolviese su mirada sobre ella misma, si su entrenadora no le hubiera

arrojado luz sobre sus dificultades y la hubiese felicitado al
superarlas, si su familia no le hubiera recordado sus logros
cada dos por tres y la hubiese animado a continuar cuando
le costaba seguir, seguramente le hubiera sido más complicado conseguir su primera medalla de oro.

Que otras personas nos reconozcan nos anima a seguir.
Sin embargo, se cree que reforzar los logros es alabar los resultados. Si hacemos eso, quizá omitamos todo lo que ha sucedido desde que nos hemos fijado un objetivo hasta que lo
hemos conseguido. Si nos limitamos a enfocar su mirada en el
resultado final no las ayudamos a concentrarse en el proceso,
que es lo importante. No hay resultado sin proceso. Por lo
tanto, primero deberás descubrir en qué aspectos cotidianos
se están esforzando para conseguir algo. Los logros no son
solo las medallas olímpicas. El día a día de tus amivis está lle-
no de pequeños logros. Cuando se levantan para ir al instituto,
a pesar de estar muy cansadas y de no haber podido dormir lo
suficiente. Cuando se muestran colaboradoras en casa. Cuando dicen algo que ha requerido de un proceso de reflexión.
Cuando han entrenado durante un tiempo y consiguen llegar
al primer partido. Cuando han ayudado a su amiga en un momento de necesidad. Cuando han decorado su cuarto de una
forma particular, aunque no te guste. Todos esos hechos diarios quizá te parezcan pequeños, pero no lo son.

Evidenciar lo que hacen todos los días, el esfuerzo que les
cuesta y los resultados que obtienen las ayuda a mantenerse conectadas con el proceso. Recordarles que en el pasado lo
consiguieron, la razón por la que lo están haciendo y qué las
motiva, las ayuda a seguir adelante en los momentos de recaí-

da. Los pequeños pasos nos llevan a conseguir grandes logros. Somos humanas, así que el proceso será movidito, inestable en algunos tramos, pero muy rico en aprendizajes si le prestamos atención y ponemos toda nuestra intención.

Aumenta la escucha

Al principio, la escucha comprensiva que requiere el acompañamiento de una persona adolescente puede agotarnos y, como todo, debemos entrenarla para mejorar. Esta escucha tiene unas características determinadas. Al escucharlas, nuestra intención es descubrir cómo podemos colaborar para que tomen perspectiva, a ser conscientes de su situación y a ponerlas en acción para mejorar, si es necesario. No es una escucha para aconsejarlas. No intenta solucionar su problema, sino ayudarlas a pensar en las posibilidades para solucionarlo por ellas mismas.

Tampoco es una escucha orientada a desplegar todas nuestras artes argumentativas. De hecho, cuanto más sencillo y concreto sea el mensaje que les demos, mejor. Esta escucha muestra un interés genuino por conocerlas, por entender su mundo, por acercarnos a lo que las hace moverse y conectarse con algo. Busca detectar el riesgo y fomentar la autonomía.

Para escuchar a tus amivis en clave de autoestima, es importante que les prestes toda tu atención cuando lo requieren y asegurarte de que lo perciben. Para ello, de vez en cuando parafrasea lo que te están contando, resume, pregunta para que te desarrollen algún aspecto, reacciona gestualmente, mantén una expresión lo más relajada y amable posible, míralas a los ojos y evita distraerte con el móvil, la lista de la compra, los asuntos del trabajo...

Escucha para identificar el corazón de su historia y ver por qué lo que te explican es tan importante para ellas. ¿Qué intentan comunicarte? ¿Te cuentan algo que les ha pasado? ¿Te comunican una preocupación? ¿Te cuentan que se han enfadado o que se han enfrentado a algo y para ello han dejado a un lado el miedo? ¿Te explican lo que han planeado con sus amistades? ¿Te cuentan que han intentado solucionar algo por ellas mismas? ¿Te hablan de sus sueños y deseos? ¿Te cuentan sus ideales, aquello en lo que creen y valoran? Aunque te sorprendan o asusten algunas particularidades de la historia, no las conviertas en el centro. La escucha tiene que ir directa al corazón. Si te pierdes en los pormenores, conviertes la conversación en un interrogatorio y la escucha, en una forma de control.

Escucha más allá de las palabras y presta atención a sus emociones. ¿Cómo están? ¿Se las ve contentas? ¿Eufóricas? ¿Desanimadas? ¿Nerviosas? ¿Se mueven mucho? ¿Bajan la mirada y la cabeza? Devuélveles lo que ves para entrar en la conversación con algo que les sea útil para conocerse y ser conscientes de su estado. Por ejemplo, puedes decirles que notas que les hace mucha ilusión ese fin de semana con sus amigas porque hablan muy rápido y se mueven mucho o bien que observas que están tristes o preocupadas por algo porque casi no han hablado en todo el día y se desplazan de un lado a otro con la cabeza gacha y los hombros caídos.

La escucha no es solo un mecanismo de conexión para mejorar la comunicación y tu relación con tus amivis. Es una oportunidad para que se sientan vistas y valoradas por como son, y eso las ayuda a formar su primera selfi y a desarrollar una buena autoestima.

AUMENTA LOS ELOGIOS

Para pulir esas alteraciones en la percepción que tienen de ellas mismas, es importante equilibrar la verbalización de los elogios sobre sus cualidades, talentos y aptitudes con la manifestación de sus limitaciones. Si solo pones el acento en lo que deben mejorar y sitúas el foco de interés en sus debilidades, es probable que, sin querer, fomentes esa mirada distorsionada sobre sí mismas.

Es importante que te intereses por lo que hacen y saben hacer, por sus preferencias, sus intereses, sus planes, sus sueños, sus deseos... y que, cuando te los cuenten o los analices, los pongas en valor y destaques algunas cualidades positivas de ellos. Por ejemplo, si te dicen que quieren tal videojuego, verbaliza y valora que tengan tan claros sus gustos y transmíteles tu observación de que se han pasado el juego anterior muy rápido sin desatender sus tareas académicas, por ejemplo. Pon en valor las grandes habilidades que tienen para usar todos los comandos necesarios para jugarlo. Verbaliza que debe de ser difícil jugar a distancia y ponerse de acuerdo con otras personas para llegar a un resultado conjunto, que se les da muy bien. Transmíteles tu percepción de que últimamente se interesan por juegos de ese tipo. Se trata de que te muestres conocedora de su mundo y respetuosa con él.

Si cazas al vuelo que les haría ilusión hacer un viaje con sus amigas, verbaliza que es estupendo que tengan proyectos con sus amistades, alaba su iniciativa de conocer mundo y destaca lo enriquecedora que puede ser esa experiencia. Anímalas a ponerse con la organización y muéstrate dispuesta a cooperar. Si es necesario, en su momento, ya negociaréis algunas condiciones para prevenir riesgos, pero de entrada no te opongas a sus ideas. De esta forma les trasladas que estás atenta a sus cosas y te muestras colaboradora.

- Procura que cada día haya momentos en los que puedas elogiarlas de diferentes formas. Para ello, es necesario que tengas claras sus cualidades, talentos y habilidades y que averigües qué conductas puedes reforzar de forma positiva.
- Ocúpate de que cada día, como si de una prescripción médica se tratase, te escuchen valorar, al menos, tres aspectos de ellas.
- Fomenta que expresen sus decisiones y necesidades, que se impliquen con sus amistades…
- Refuerza todos los procesos diarios que creas que pueden suponerles un esfuerzo y elogia su forma de enfrentarse a ellos.
- Celebra incluso aspectos positivos de su conducta que te hagan sentir incómoda, como su tenacidad cuando insistían para que las llevases a casa de su amiga en mitad de una comida familiar.
- Cuando alabes, sé específica y desarrolla el «para qué» del elogio. Puedes decirles que admiras su tenacidad y

que eso les permitirá conseguir lo que se propongan. Diles que valoras sus iniciativas porque eso hará que descubran algo nuevo y aprendan.

- Lo importante es que identifiques cualidades y conductas que puedes poner en valor, que aprendas a elogiarlas y que integres esta práctica en vuestro día a día.
- Recuerda describir la cualidad o conducta que estás elogiando, reconocer el esfuerzo que se ha hecho, si es el caso, y explicarles el «para qué» esa cualidad o conducta es motivo de elogio.

AUMENTA LAS OPORTUNIDADES

Para fomentar la autonomía de tus amivis, que ya sabes que guarda una estrecha relación con su autoestima y la construcción de su identidad, es esencial que aumentes sus oportunidades para que hagan las cosas por ellas mismas y para conectar con otras personas que puedan inspirarlas y formar parte de su red social de apoyo.

Detecta y aprovecha todas las oportunidades que se den en vuestro día a día para que hagan las cosas por ellas mismas. Recuerda que lo importante no es que las hagan bien o como a ti te gustaría (no pierdas la perspectiva), sino que las hagan por ellas mismas, que verbalices el valor que tiene que lo hayan hecho y que las ayudes a ver qué pueden mejorar para que lo tengan en cuenta la próxima vez.

Cuando vayas a hacer algo que las involucre, pregúntate si pueden hacerlo ellas. A veces querrán y a veces no, y en

este segundo caso se requerirá de una etapa previa de negociación para llegar a un acuerdo, pero es esencial que tengan
la oportunidad de hacerlo, sea mediante consenso o a través
de una negociación. Si hay que llamar a la clínica dental para
cambiar la cita, ponte creativa para que lo hagan ellas. Puedes decirles, por ejemplo, que sabes que están muy liadas y
que quizá no les vaya bien, pero que te gustaría que llamasen
para cambiarla porque te harían un gran favor. No se lo comuniques como si fuera su responsabilidad o su obligación.
Tu objetivo es que llamen ellas, el motivo por el que lo hagan
no importa. Busca formas diversas de favorecer que practiquen, que prueben, que lo hagan con vergüenza, con miedo,
pero que lo hagan.

No te vayas muy lejos mientras hacen algo por primera
vez. Necesitarán que observes y analices lo que han hecho
para aportar mejoras. Por ejemplo, si observas que han hablado muy bajito cuando han llamado a la clínica, puedes recordar lo que hemos comentado sobre las limitaciones y seguir
las pautas que te indicaba allí. Si han puesto el lavavajillas,
pero no han aclarado antes los platos, recuerda el punto en el
que hablamos de los elogios, de poner en valor su esfuerzo y,
a la vez, de decir lo que hay que mejorar.

Tienes varias formas de hacerlo, y te sentirás más segura
de ellas cuando practiques y encuentres las que mejor funcionan en tu situación. Recuerda que el objetivo es que lo hagan
por ellas mismas. Si siempre reprendes su manera de hacerlo,
será complicado que vuelvan a arriesgarse. Siempre que puedas, dales la posibilidad de escoger. Que tomen decisiones en
casa de forma habitual les facilitará hacerlo también fuera de

ella. Acompáñalas para que puedan informarse, encontrar todas las opciones y reflexionar sobre ellas.

También es importante que aumentes las posibilidades de que queden con personas diferentes, en edad y con distintas características socioeconómicas. Para ello, puedes sugerirles que participen en campamentos o en campos de trabajo, que hagan voluntariado de cualquier tipo, que viajen, que pasen tiempo fuera de casa con otras iguales, que participen en eventos y actividades diversos, que se muevan en diferentes ámbitos, que entren en contacto con varias áreas de conocimiento, que conozcan a otras personas adultas que puedan inspirarlas, que practiquen diversos deportes, que prueben actividades nuevas, que vean películas y series sobre muchos temas, que reflexionen sobre experiencias, artículos y citas, que vayan al teatro... Cuando consigas que lo hagan —o cuando lo hagan sin necesidad de negociar—, recuerda hablar de la experiencia después y hacerlas reflexionar sobre lo que les ha gustado y lo que no de forma razonada, que piensen en las personas que hacen posible esa actividad, en las profesiones u oficios involucrados... Todo lo que se te ocurra, creatividad al poder.

No siempre se consigue fácilmente porque muchas veces tienden a poner el «no» por delante cuando las adultas les proponemos algo, pero recuerda la importancia de llegar a acuerdos, las pautas anteriores y el uso de las diferentes estructuras de la comunicación asertiva de las que dispones, que te cuento en mi primer libro con detalle. También te será útil recordar que muchas veces solo tienen que verte haciendo algo, sin que les pidas que lo hagan ellas, para que se interesen por eso en concreto. Si te pones a coser, a lo mejor se interesan por la costura. Si te ven tejer, a lo mejor lo intentan un día. Si les mandas fotos tuyas haciendo surf, igual te piden probarlo. Si ven que sales a correr, a lo mejor un día se apuntan. Esto también vale para el resto de las personas con las que os relacionéis. Si la tía baila salsa, que pueda transmitírselo en algún momento.

La aproximación colateral, la capacidad que tienes para ser su luna y hacer cosas que les generen interés, te será muy útil para esta tarea. El objetivo es que puedan experimentar todo lo posible durante esta etapa de su desarrollo. La exploración de sus intereses será crucial a la hora de que elijan una opción formativa que las dirigirá hacia su primer entorno laboral. Probar muchas actividades aumentará su conocimiento sobre ellas mismas y les permitirá aproximarse a la identidad con la que se identifican. No se quedarán con todo lo que prueben. Realizarán actividades que abandonarán y se quedarán con otras, pero lo importante es que prueben.

SIEMBRA EJEMPLOS

El último punto de este capítulo, enfocado a pulir las alteraciones de su percepción, va sobre ti. Las personas nos desarrollamos y aprendemos en contacto con nuestro entorno más cercano. Los mensajes que recibimos de nuestras referentes son esenciales para el proceso. Cuando hablamos de sembrar ejemplos o de convertirnos en modelos para ellas, nos referimos a ser y estar junto a ellas con plena consciencia de que lo que somos, decimos y hacemos mientras estamos con ellas les afectará de un modo u otro.

No podemos controlar siempre todo lo que hacemos o decimos, así que para restarle el estrés que pueda provocar lo que acabas de leer, es importante que tengas claro que tu objetivo no es obsesionarte con ser perfecta. Tu finalidad es, sencillamente, mostrarte humana y ser lo más coherente posible. Si en un momento dado te ha poseído tu estado emocional —lo que por otra parte es muy humano—, el ejemplo que siembras es cómo, a pesar de eso, podemos ocuparnos de que ese suceso no abra un abismo entre nosotras. Si te secuestra tu estado emocional y dices o haces algo que les hiera, siembra el ejemplo del perdón y explícales por qué te han secuestrado tus emociones, que sentirte como te sentías no justifica lo que has dicho o hecho y que por ese motivo les pides perdón.

Pregúntales qué necesitan que hagas en ese momento y cómo se sienten. Si cometes un error, reconócelo. Recuerda que es imprescindible para aprender. Habla de tu error y pídeles ayuda para solucionarlo o explícales cómo lo has solucionado. Si tienes una necesidad, comunícala. Expresa lo que precisas y, si contrasta con lo que ellas requieren, negociad y llegad a un acuerdo. Elógiate ante ellas y verbaliza también tus logros y limitaciones cuando se requiera. Prueba cosas nuevas, realiza actividades que te gusten y habla de ellas. Cuéntales tu día sin esperar a que ellas te cuenten el suyo. Comparte tus buenas y malas experiencias y cómo las has vivido, cómo has salido adelante, cómo has resuelto algunos problemas. Respeta que haya cosas que no quieran contarte;

tú tampoco se las cuentas todas. Nunca rompas las promesas que les haces.

Es muy importante que, si te comprometes, te mantengas fiel a ese compromiso. En caso de que lo incumplas, pídeles perdón y acuerda una compensación con ellas, por ejemplo, o renegociad las condiciones. Comunica tus valores, reflexiona sobre ellos con ellas y explícales por qué son los que son. Permíteles que los pongan en duda y genera debate sobre ellos. Sé fiel a tus ideas y valores, pero sensible a las circunstancias; observa y acoge también los suyos. Tus valores deberían ser flexibles y contemplar que pueden modificarse en algún momento, que la vida puede aportarte oportunidades para enriquecerlos y abandonar los que ya no resuenan contigo. Diles que hay personas en el mundo que se rigen por unos valores muy distintos y que no por ello son peores que los tuyos. Se trata de ser tú misma con ellas, en toda tu humanidad y con el reto de mejorar aquellos aspectos que te hacen la vida más difícil o que dificultan que tus relaciones sean mejores. Se trata de ser tú misma con ellas, en toda su humanidad y con el reto de mejorar aquellos aspectos que les pueden hacer la vida más fácil o que sus relaciones sean mejores. Tú tienes tus valores. Ellas están construyendo los suyos. Ambas compartiréis un vínculo para siempre, pero un mismo espacio de forma temporal.

Ambas queréis que vuestra relación funcione, y para ello es imprescindible que aceptes que se encuentran en un momento de descubrimiento que les aportará algunas ideas y valores nuevos para ti y con los que tú no te identificarás. Forma parte de su proceso de hacerse adultas. Siembra el ejemplo de la convivencia aceptando que ellas son diferentes a ti, que no todas las personas del mundo deben pensar igual y que, exceptuando los valores y las creencias que ponen en riesgo los derechos humanos, todas las opciones deben respetarse. Date la oportunidad de acercarte a tus amivis para conocer los suyos y entenderás mucho mejor lo que hacen.

16

Acompaña sus experiencias vitales

Nuestras creencias y nuestros valores orientan la conducta, por lo tanto, es probable que algunas de las actitudes de tus amivis no te gusten. Sin embargo, eso no quiere decir que no sean lícitas.

Equipadas con los valores que les has transmitido durante la infancia, las personas adolescentes de tu vida salen al mundo a poner a prueba su individualidad y su capacidad para formar parte de un grupo. Esta etapa es la antesala de la vida adulta y el lugar en el que tienen que empezar a desarrollar las habilidades que necesitarán para vivir lo mejor posible como adultas.

Los valores familiares que hasta ese momento vivían como únicos y guiaban su conducta entran en contacto con los de otras personas muy importantes para ellas en esta época. Están en el mismo momento vital que ellas, pero han crecido en otros entornos guiados por otros valores y han recibido mensajes distintos. En ese encuentro, ensayan los valores que traen de casa y los contrastan con los de sus iguales. Ahí se inicia un complejo proceso de descarte y adopción de nuevos valores. Durante el mismo, actuarán solas por primera vez, tomarán sus primeras decisiones sin tu supervisión, y quizá se equivoquen. Dejarán que las rijan otros valores que no dominan y eso puede confundirlas.

Ese proceso de prueba las ayuda a descartar aquellos valores con los que no se sienten identificadas y a alejarse de personas que se mueven por otros que no comparten. Ahora bien, ese proceso supone la exposición a un gran número de situaciones que les producirán intensos estados emocionales. Empezarán a experimentar las consecuencias de sus decisiones y pueden llegar a sentir un gran malestar. Gran parte de lo que se lleven a su vida adulta depende del acompañamiento que reciben de las experiencias vitales que viven en esta etapa.

Recuerda que no se trata de juzgar los valores que están probando, sus preferencias o sus experiencias, sino de acompañar lo que les va pasando para que puedan entenderlo lo mejor posible e integrarlo en su historia con las menores consecuencias posibles para su vida adulta. Entrena tu paciencia y ten muy presente que lo que hacen no es lo que son. Están probando y te necesitan para tomar perspectiva sobre sus decisiones. En este capítulo encontrarás algunas estrategias para acompañar las experiencias que vivan en esta etapa y suavizar el impacto sobre su autoestima.

Acompaña los errores

Cuando hacemos algo por primera vez, solemos cometer errores. Como sabes, los errores forman parte del proceso. La clave para aprender de ellos es darnos cuenta de que los hemos cometido, analizar la situación para identificar dónde nos hemos equivocado y aplicar los cambios necesarios para hacerlo mejor la próxima vez.

Cuando tus amivis empiecen a hacer algo por su cuenta y se equivoquen —que es muy probable que lo hagan—, presta atención para no convertir sus errores en sentencias sobre su identidad. Cuando descubras que no lo han hecho bien, ayúdalas a encontrar el error. Analiza con ellas la situación y hazlas reflexionar sobre lo que ha pasado, cómo ha sucedido y qué se podría haber hecho de otro modo.

Hay muchos tipos de errores: los que involucran a terceras personas, aquellos que nos impiden realizar tareas concretas, otros irreparables... Olvidamos algo, rompemos algo, perdemos algo, nos desconcentramos, incumplimos normas, mentimos, nos relacionamos con quien nos hace daño, herimos a las personas con las que nos relacionamos... Todos tienen en común que podemos aprender de ellos, aunque no siempre lo hacemos y a lo largo de nuestra vida tropezamos varias veces con la misma piedra.

Cuando tus amivis se equivoquen, transmíteles que todas las personas cometemos errores, que entiendes cómo se sienten y pregúntales si quieren aprender de esa situación para que el resultado sea diferente la próxima vez. Anímalas a reflexionar sobre el error: ¿qué ha pasado?, ¿había sucedido antes?, ¿qué decisión, de las que han tomado, creen que ha podido provocar esa situación?, ¿podría haber pasado de otro modo?, ¿qué otra opción podrían haber elegido para que el resultado hubiese sido distinto?

Las personas adolescentes pueden sentirse abrumadas por las consecuencias emocionales de las decisiones que toman. No podemos cambiar lo que ha pasado ni volver atrás para tomar otra distinta, pero sí identificar cuál de esas decisiones hizo que obtuvieran esas consecuencias y qué pueden cambiar si vuelven a encontrarse en una situación similar. Podemos reconocer nuestros errores, aprender y avanzar.

Aceptar las consecuencias de nuestros actos no siempre es agradable. Muchas veces duele, pero ese dolor es necesario para aprender. No puedes ahorrarles el dolor ni la frustración que sentirán cuando se equivoquen y tomen una decisión con consecuencias desagradables.

Sin embargo, puedes acompañarlas y ayudarlas a pasar su dolor y a avanzar habiendo aprendido algo valioso para la vida. Apóyalas para que puedan relativizar el error al ver algunos de los errores que tú cometiste y cómo los resolviste. Háblales de los que cometió la abuela y cómo salió adelante. Buscad juntas errores de personajes célebres. Háblales de cuando Simone no consiguió su cuarta medalla en las Olimpiadas de Río. Diles que tomaron la decisión que pudieron en ese momento, la que estaban preparadas para tomar en ese momento y la que sus necesidades les empujaron a tomar en ese momento. Transmíteles que lo que sienten es el resultado de esa mala decisión, pero que tarde o temprano pasará y podrán seguir adelante.

Si se reprochan haber cometido un error, recuérdales que equivocarse es inevitable y que todas hemos llegado hasta donde estamos cometiendo errores en el camino. Diles que si reflexionan sobre las equivocaciones cometidas, y cambian lo que crean que podría hacerse de otro modo, sin duda aprenderán. Invítalas a que piensen si han cometido ese error en otras ocasiones para detectar si es algo reiterado. Pregúntales qué resultados esperaban al tomar esa decisión.

Si el error ha provocado un perjuicio a otra persona, es importante que puedan reconocerlo delante de ella y compensarla de alguna forma. La compensación puede acordarse con esa persona. Tiene que ser proporcional al daño causado y suponer algún tipo de esfuerzo para tus amivis. Por ejemplo, si han insultado a una profesora, no aprenden nada de ese error si tú te disculpas ante ella. Acompaña a tus amivis para que pasen por el trance de pedir perdón mirando a la cara a esa profesora y que esa profesora también tenga un momento para expresarse. Si han roto la luna de un coche (además del procedimiento judicial por vandalismo al que puede que tengan que enfrentarse), acompáñalas para que hablen con la persona propietaria del vehículo, le pidan perdón, paguen la reparación con sus ahorros... Si no se enfrentan a las consecuencias de sus actos, si no las acompañas para que entiendan lo que pueden provocar, será una enseñanza que no recibirán de ti.

Un error es el resultado de los pasos que hemos dado en el camino de avanzar, y supone un cambio de dirección. Nos obliga a trazar una ruta diferente que nos lleve adonde queremos llegar. De esta forma, los errores, aunque sean dolorosos, son oportunidades para cambiar de estrategia y aumentar nuestros recursos en la vida. No niegues sus errores ni los tuyos, no pases por ellos de puntillas, no los disfraces, no responsabilices a otras personas de sus errores ni de los tuyos. Si la responsabilidad es suya, acéptala y ayúdalas a ver cuándo no lo es. No te restes valor a ti ni a ellas por equivocaros. Equivocarse no es un fracaso irreversible, así que no dejes que abandonen una actividad porque hayan cometido un error, no las dejes huir de sus errores. Si no integras el error como un aliado para aprender y vivir mejor, es probable que las personas adolescentes de tu vida no aprendan eso de ti. Aceptar el error nos ayuda a reducir el estrés, nos vuelve más proactivas y compasivas, y protege nuestra autoestima.

Acompaña las malas experiencias

Muchas de las experiencias que van a vivir tus amivis harán que se sientan mal, pues serán experiencias desagradables e incómodas. Vivirán sus primeras decepciones amorosas, los primeros desengaños con sus amistades, las primeras experiencias laborales, las primeras relaciones sexuales, sentirán la presión de las elecciones importantes, se encontrarán en situaciones en las que nunca antes se habían encontrado y conocerán a muchas personas nuevas en circunstancias muy diversas… Se enfrentarán a las injusticias del mundo, a las incoherencias humanas, a sus propias limitaciones, a las limitaciones de quienes las rodean, a acontecimientos inesperados…

Muchas de esas experiencias las estresarán, las sentirán en soledad, las transitarán sin comunicarlas ni compartirlas con nadie, y pueden mermar su autoestima si no se acompañan. Tus amivis pueden vivir momentos de alta intensidad sintiéndose solas y sin contar con más perspectiva que la suya o, con suerte, con la de alguna de sus amistades que haya pasado por algo parecido. A las personas adolescentes les cuesta explicar sus circunstancias si creen que quien tienen delante no ha pasado por una vivencia semejante porque sienten que no las van a entender. Por eso es interesante que puedas compartir situaciones que tengan cierta similitud con la que acaban de vivir. Explicarles una experiencia en la que puedan reconocerse hará que conecten contigo. Es importante que, si te cuentan una mala experiencia y las ves emocionalmente afectadas, recojas su dolor y verbalices que debe de ser muy difícil pasar por eso. Aprovecha para contar una experiencia similar tuya, pero sin convertirte en el centro de la conversación.

Recuerda que parafrasear, resumir con tus propias palabras la experiencia que te están contando, las hace sentirse escuchadas. Pregúntales por qué esa situación que han vivido ha sido importante para ellas, cómo les ha afectado, qué han aprendido. Comparte con ellas algunas de tus estrategias para pasar por las malas experiencias de la mejor manera posible, para desahogarte… Explícales que, cuando estás mal, te va bien charlar con tus amigas, hacer deporte, bailar, leer, ponerte una serie… Ayúdalas a encontrar otras formas de expresar lo que sienten —escribiendo, dibujando, bailando, gritando en el bosque, cocinando, tejiendo…— y anímalas a buscar aquello que puede hacer que se sientan mejor.

Pregúntales si puedes hacer algo por ellas, si te necesitan. Transmíteles que estarás cerca por si acaso. Valora las decisiones que han tomado en esa situación: «Cuando viste a tu amiga tan mareada, hiciste muy bien en llamar a su madre para que pudiera cuidar de ella y ayudarla a sentirse mejor», «Cuando te pegó y te asustaste, hiciste muy bien en no devolverle el golpe e irte de allí para no empeorar la situación», «Cuando os pilló la policía hiciste bien en llamarnos para que pudiésemos ayudarte a superar ese mal momento», «Cuando se rompió el preservativo hiciste muy bien en acudir a tu tía para que te acompañase a la farmacia».

Nunca les digas lo que deberían haber hecho o lo que deberían sentir. No las compares, amenaces o banalices la situación. Puedes decirles que pasará, que ese malestar no durará siempre, ayudarlas a pensar en lo que harán cuando se les pase, a enfocarse en las actividades inmediatas que tienen, preguntarles si necesitan ayuda para realizarlas, ponerles objetivos pequeñitos, no exigirles demasiado los días posteriores a esa experiencia...

Déjales claro que lo que sienten o ese hecho no es para siempre, que no les resta valor o hace que las queráis menos. Las experiencias desagradables que vivimos, aunque nos dejen un sabor agridulce y nos saquen algunas lágrimas cuando las recordamos tiempo después, también forman parte de lo que somos. El dolor forma parte de la vida y, aunque sea duro pasar por ellas, las malas experiencias tienen el poder de mostrarnos de lo que somos capaces. Una vasija de hace dos mil años, aun agrietada y cubierta de polvo, tiene más valor por su trayectoria y por su capacidad para resistir las inclemencias del tiempo que por el hecho de ser una vasija.

En la vida, no siempre pasamos por momentos agradables. Algunos son tremendamente dolorosos y complicados. La vida también es eso. Preparar a tus amivis para la vida supone dejar que tengan malas experiencias y aprendan a salir de ellas, si es posible, usando sus propios recursos y sumando los que puedan aprender con tu acompañamiento, el de las personas que las rodean y por sí mismas.

ACOMPAÑA LAS BUENAS EXPERIENCIAS

Así como es importante acompañar las malas experiencias, también lo es acompañar las buenas. Ayudarlas a poner en valor los momentos agradables que viven puede evitar que se centren en las situaciones desagradables. Recurrir a su recuerdo en los malos momentos las ayudará a sentirse mejor.

Cuando hayáis pasado unas vacaciones estupendas y volváis a casa, recapitula algunos de los mejores momentos. Pídeles que te cuenten cuál ha sido su favorito. Cuando se haya acabado esa fiesta a la que les hacía tanta ilusión ir, háblales de lo feliz que las has visto y de lo bien que parecen habérselo pasado con sus amistades. Cuando acabe el curso, háblales del estupendo verano que tienen por delante.

A veces magnificamos los errores y las malas experiencias e invisibilizamos las buenas. Pasamos de puntillas por ellas, como si el mero hecho de haberlo pasado bien o de que haya sido agradable ya sea suficiente, como si ya no tuviésemos que volver la vista atrás y recuperar esas sensaciones. Ayúdalas a mantener vivo el recuerdo de las experiencias agradables que han y habéis vivido, aunque ya haya pasado un tiempo. Envíales fotos de aquella excursión. De aquellos días en la playa. De aquella tarde que pasasteis jugando a juegos de mesa. De aquellos campamentos en los que participaron y de los que volvieron encantadas de la vida. Enséñales a celebrar las ocasiones especiales, cada día estupendo, a sumar los días fabulosos y los no tan buenos para poner en perspectiva cuántos hemos vivido de cada.

Presta la misma atención a los buenos y a los malos momentos para que ellas también puedan hacerlo. Dicen que al final de la vida solo recordamos los buenos momentos y que nos arrepentimos de lo que quisimos hacer y no hicimos. Los buenos momentos también pesan en la balanza de la autoestima. Si solo señalamos los malos, ¿hacia dónde se decantará la balanza cuando lleguemos al final?

17

Tú puedes ser la marea que levante todos los barcos

Quizá hayas notado que hasta ahora siempre he hablado de tus amivis en plural. Lo he hecho porque en la adolescencia no solo son nuestras amivis las que tenemos en casa. Las personas adolescentes de nuestra vida son todas las que tenemos alrededor: sus amistades, sus iguales, las que te encuentras en la plaza… Las que forman parte de tu familia y las que no.

Todas las personas adolescentes que te rodean necesitan de personas adultas que puedan convertirse en sus referentes, en las que puedan confiar y reflejarse. Todo lo que puedas hacer por las que tienes fuera de casa, lo estarás haciendo también por las que tienes en casa y por el futuro de nuestra sociedad.

Recuerda que no todas las personas adolescentes han crecido en entornos en los que se han cubierto sus necesidades y se han acompañado sus experiencias. No todas han disfrutado de familias acogedoras. No todas han podido desarrollar todo su potencial. Tú puedes ser la marea que levante todos los barcos o, al menos, una agradable ráfaga de viento que los empuje en una dirección favorable. Tú puedes ser la persona que las ayude a entender los límites, a descubrir sus talentos, a entender lo que les ha pasado cuando han vivido un acontecimiento importante, que las inspire. La que pueda ayudarlas a sostener su estado emocional en un momento dado.

Es muy importante que te comuniques con ellas teniendo en cuenta que, aunque no lo parezca, todas están en un momento muy frágil de su desarrollo. La persona adolescente que hace más ruido es la que más necesita de tu mirada comprensiva, afecto y atención. Que tu amor sea mayor que tu miedo. En este capítulo te sugiero algunas formas de hablarles para proteger lo máximo posible la autoestima de todas ellas.

Cuando las acompañamos de forma prudente, es importante incorporar a nuestros mensajes los pensamientos y las emociones en la misma medida. No les hablemos solo de lo que pensamos sobre algo, también de lo que sentimos por ellas. No les hablemos solo de lo que las involucra a ellas, también de nuestros deseos, de lo que nos gustaría hacer, de los proyectos que tenemos, de lo que nos gusta. Háblales de los grandes temas que te interesan y transpórtalas a tu mundo tranzando un puente hacia el suyo con sus áreas de interés. La música. Las series. Los lugares que quieres visitar. Las actividades que te gustaría probar. Las amistades que tienes. Los empleos que has tenido. El lugar de trabajo al que vas cada día.

Cuando debas hablar a tus amivis de temas importantes, escoge un lugar y un momento favorables para hacerlo. No lo hagas en su cuarto, sino en un espacio común o público. No lo hagas cuando han tenido un mal día o si habéis discutido. Habla con un tono de voz lo más calmado posible y muéstrate segura cuando les transmitas lo que pretendes. Recuerda mirarlas a los ojos todo lo que te dejen.

Cuando quieras pedirles algo, hazlo de la forma más concreta que puedas, sé directa, clara y no las atosigues con mucha información. No des rodeos. La idea es facilitarles que recuerden lo que les pides. Sé lo más específica que puedas en tus demandas y en lo que quieras contarles, dales tiempo para que conecten con la información. En ese momento, pueden necesitar un poco más para enlazar diferentes ideas. No tengas prisa por oír sus argumentos. Déjales un tiempo para que puedan elaborarlos y compartirlos contigo. Háblales de los resultados positivos de lo que les pides, del para qué se lo pides. Puedes decirles que te gustaría que hicieran algo concreto, cuándo, dónde y cómo. «Me gustaría que el sábado vinieras a comer a casa de la abuela. Quiere saber qué tal te va todo y qué proyectos tienes ahora. Sería genial que pudieses quedarte toda la tarde. Si no te fuera bien el sábado, podrías preguntarle si le va bien el domingo. Si no te fuera bien quedarte toda la tarde, podrías decirle hasta qué hora te iría bien y te traeré en coche de vuelta». Así, además, las ayudas a desarrollar las habilidades necesarias para ser autónomas.

Cuando no hayan cumplido con uno de vuestros acuerdos o tengas que poner el acento sobre una conducta que deben mejorar, puedes describir ese comportamiento de forma simple y aportar un motivo para mejorar esa conducta después. Transmíteles que entiendes lo que sienten y dales una indicación clara para cambiar, o pregúntales qué creen que podrían hacer de otro modo la próxima vez. Por ejemplo, si no han recogido el baño, como habíais acordado, puedes decirles que has visto que las toallas y la ropa sucia siguen en el suelo del lavabo y que si no lo recogen antes de irse no podrán salir con sus amistades hasta que lo hayan hecho, como habían prometido. Puedes decirles que entiendes que les dé palo recoger el baño ahora que están a punto de salir, que es aburrido y cansado, pero que deben hacerlo. Pregúntales qué pueden cambiar la próxima vez para hacer las dos cosas tranquilamente y para que no tengas que recordárselo y ser pesada. Añade lo importante que es cumplir con las promesas y no romper los acuerdos a los que llegamos con otras personas para cuidar la confianza. Puedes proponerles también renegociar el acuerdo al que habíais llegado, pero estableciendo también las consecuencias de no hacerlo por segunda vez.

Recuerda que están aprendiendo, que les cuesta hacer las tareas porque su ritmo es otro en este momento de su ciclo vital y que sus prioridades son muy diferentes a las nuestras, pero mantente firme en los mensajes primordiales. Que tus palabras les revelen la importancia de respetar los compromisos y tus acciones las ayuden a desarrollar la capacidad para hacerlo. No seas la tormenta que hunde su barco, sino la marea que lo mantiene a flote.

Ideas principales

✓ Mejorar nuestra autoestima, como cualquier aspecto de nuestra vida, conlleva una intención y un esfuerzo. Una buena autoestima es el resultado de un proceso complejo en el que intervienen diversos factores. **Enamórate del proceso** y te parecerá que todo es más fácil con la práctica, aunque lo que habrá sucedido en realidad es que habrás aprendido a acompañarlo.

✓ Observa y analiza si pueden construir vínculos sanos con otras personas, si tienen relaciones significativas que les proporcionen apoyo, si tienen dificultades para expresarse en público o para tomar decisiones, si les cuesta reconocer sus cualidades, si no admiten o buscan demasiado el contacto físico, si les cuesta ser el centro de atención, si evitan las situaciones sociales, si no participan, si se critican o se hablan mal, si generan conflictos constantes, si se arriesgan siempre, si reaccionan de forma exagerada... Si se dan varios de estos indicadores, puede que la autoestima no se esté desarrollando de forma saludable. Recuerda que **la buena autoestima no llama la atención**.

✓ **Para ser capaces de hacer algo, hay que tener la oportunidad de hacerlo y equivocarnos.** Después, debemos tener la posibilidad de identificar en qué nos hemos equivocado y volver a intentarlo. Dales el espacio para hacer las cosas por ellas mismas, la oportunidad de equivocarse, la posibilidad de pensar sobre sus errores y la ocasión de hacerlo de nuevo.

✓ **Los mensajes más peligrosos son los que ya no escuchamos pero forman parte de nosotras** porque se convierten en nuestro discurso interno. En el desarrollo de la autoestima, el lenguaje es crucial, y tú tarea es transmitirles un modelo respetuoso y compasivo de hablarse a sí mismas y a las demás personas.

✓ **Descubre las alteraciones de la percepción que tienen de ellas mismas** para entender cómo se está traduciendo eso en su forma de verse, pensarse y proyectarse ante las demás personas de su vida.

- Una alteración común es transformar un hecho puntual y aislado en una ley universal. En realidad, **«Nadie me entiende»** no significa que nadie las entienda. Esta generalización manifiesta su necesidad de atención. Genera reflexión para llegar al origen de esas sentencias, invítalas a desarrollarlas y a decidir si es así o si esas afirmaciones pueden tener otro origen.
- Otra alteración que se repite es **valorar siempre en negativo**. Cuando hagan una valoración negativa y obvien los aspectos favorables de la experiencia, valida lo que sienten y anímalas a pensar en sus aspectos positivos.
- Una alteración muy común es utilizar expresiones despectivas para describirse. En realidad, **«Soy tonta»** no significa que sean tontas. Con esas etiquetas que se ponen están exagerando algo de ellas que no les gusta. Invítalas a desglosar esa etiqueta, a encontrar qué la ha provocado y a mirar más allá para encontrar sus cualidades.
- Otra alteración habitual es **moverse entre extremos**. Siempre o nunca. En este caso, hazlas pensar en todas las posibilidades que hay entre esos dos puntos tan alejados.
- Otra más es centrarse en un aspecto físico que no les gusta y distorsionarlo. **«Tengo la nariz demasiado grande»** no significa que tengan la nariz muy grande. Con esa apreciación están manifestando una necesidad de saber si su nariz es tan válida como la de otra persona «mejor valorada» que ellas. Céntrate en redirigir su atención hacia la imagen global y real que proyectan.
- Una alteración frecuente es identificarnos con nuestras emociones. Nuestras emociones son estados temporales que nos ponen en acción para ocuparnos de algo que nos está pasando. **«Lo que siento no es lo que soy»** solo me indica dónde tengo que mirar.

Dales espacio para sentir, genera reflexión sobre lo que sienten, hazlas pensar en las circunstancias que han generado ese estado emocional, anímalas a que decidan si quieren resolver esa situación y cómo quieren hacerlo.

- Otra alteración común es que todo lo que pasa es por y para ellas. **«Soy responsable»** no quiere decir que sean responsables de todo. Con esa percepción de su realidad nos indican que no pueden distinguir lo suyo de lo que es de las demás personas. Invítalas a describir y delimitar la situación de forma precisa, a identificar las causas y características del suceso y pon énfasis en diferenciar lo suyo de lo que no lo es.

- Una de las alteraciones usuales es hacer predicciones desfavorables sobre algo que van a hacer, algo que va a pasar o algo que alguien piensa. **«No me va a gustar»** no significa que no les guste. Con esa afirmación pueden estar manifestando, entre otras cosas, miedos o inseguridades ante los cambios o las novedades. Céntrate en que analicen los acontecimientos con detalle y en acordar su participación una vez, al menos, con opción a abandonar al acabar si no les ha gustado.

- Otra alteración corriente es la necesidad de control. Cuando empiezan experimentar los grandes cambios de esta etapa, pueden querer frenarlos, esconderlos o dominarlos. **«Necesito hacerlo así»** es la forma de pedirnos la estabilidad y la seguridad que les faltan en este momento. Para ello, comunícales cada día que son queridas, especifica lo que se espera de ellas y por qué (verbaliza la hipótesis, lo que pides o propones y para qué), anticipa, ajusta sus y tus expectativas, encuadra sus fracasos, ayúdalas a sostener su frustración y dales perspectiva sobre sus posibilidades futuras.

- Una alteración también habitual es la soberbia, la sensación de autoestima desorbitada. **«Soy la mejor»** puede significar «Ayúdame a encontrar mis debilidades sin que me sienta frágil o piense que no soy válida». Dales perspectiva sobre sus limitaciones y ayúdalas a reflexionar sobre sus cualidades.

✓ Para **pulir las alteraciones** de su percepción sobre ellas y favorecer el desarrollo de una buena autoestima, puedes seguir varias pautas a diario.

- **Descubrir y respetar la necesidad** que mueve su conducta es imprescindible para ayudarlas a tomar sus decisiones y a construir su sistema de valores. Pregúntate qué historia está contando su conducta, detecta las cualidades de tus amivis que manifiesta esa conducta, verbaliza y pon en valor esas cualidades, hazles una demanda o propuesta o, si es necesario, inicia una negociación para llegar a un acuerdo.
- **Descubrir y valorar la diferencia** que las hace únicas las sitúa en un lugar favorable para construir su primera selfi. Destaca sus cualidades y verbaliza el valor de sus diferencias en positivo.
- **Descubrir y verbalizar las limitaciones** en clave de mejora las aleja de la búsqueda de la perfección y les transmite una idea más real de ellas. Expón lo que has observado que las limita, pregunta si creen que es verdad, si se habían dado cuenta, y transmíteles que, si quieren mejorarlo, existen formas de hacerlo. No lo hagas en público.
- **Descubrir y revelar sus logros** es vital para su autoestima. Evidencia sus esfuerzos diarios, para qué los hacen y qué resultados obtienen.
- **Aumentar la escucha** es necesario para detectar el riesgo y fomentar la autonomía. Muestra un interés genuino por conocerlas y por conocer su historia, presta toda tu atención, parafrasea, haz preguntas, reacciona con gestos, evita distraerte pensando, pregúntate cuál es el corazón de su historia, presta atención a sus emociones y devuélveles lo que ves acerca de ellas.
- **Aumentar los elogios** es imprescindible para pulir las alteraciones de su percepción sobre ellas. Alaba sus cualidades, talentos y aptitudes con asiduidad y de diferentes formas.
- **Aumentar las oportunidades** es esencial para reafirmar su

autonomía y desarrollar una buena autoestima. Siempre que puedas, intenta que sean ellas las que hagan las cosas y que conecten con otras personas que puedan inspirarlas y entrar a formar parte de su red social de apoyo.

- **Sembrar ejemplos** implica estar junto a ellas con plena consciencia de que lo que somos, decimos y hacemos pues mientras estamos a su lado nuestras acciones les afectan de alguna forma. Si te secuestra tu estado emocional, pídeles perdón. Si cometes un error, reconóceselo. Si tienes una necesidad, comunícasela. Elógiate y verbaliza tus limitaciones ante ellas. Comparte con ellas tus buenas y malas experiencias. Sostén las promesas que les haces. Comparte tus valores y reflexiona con ellas sobre ellos.

✓ Gran parte de lo que se lleven a su vida adulta, incluido el estado de su autoestima, depende del acompañamiento que reciban de las experiencias vitales que tienen en esta etapa. No juzgues los valores que están probando, sus preferencias o lo que les pasa, observa lo que van viviendo y **acompaña sus experiencias vitales** para que puedan entenderlas lo mejor posible.

- **Acompaña los errores que cometen.** Cuando se equivoquen, transmíteles que todas las personas cometemos errores, que entiendes cómo se sienten y pregúntales si quieren aprender de esa situación para que la próxima vez el resultado sea diferente. Anímalas a reflexionar sobre el error y a pensar en alternativas de mejora.
- **Acompaña sus malas experiencias.** Pregúntales por qué ha sido importante para ellas esa situación, cómo les ha afectado, qué han aprendido. Comparte con ellas algunas de tus estrategias para pasar por las malas experiencias y cuéntales algunas situaciones similares que hayas vivido. Pregúntales si puedes hacer algo por ellas, si lo necesitan. Transmíteles que estarás cerca por si requieren tu ayuda y que no siempre se sentirán como ahora.

- **Acompaña sus buenas experiencias.** Ayúdalas a poner en valor los momentos agradables que viven para evitar que se centren solo en los desagradables.

✓ **Tú puedes ser la marea que levante todos los barcos.** Para ello, presta atención a cómo te diriges a ellas y cómo les pides las cosas. Háblales con un tono de voz lo más calmado posible y muéstrate segura cuando les transmitas lo que necesites. Míralas a los ojos, sé directa y específica, dales tiempo para que conecten con lo que les cuentas y comunica siguiendo siempre un mismo sistema lo más sencillo posible.

TERCERA PARTE

Las pruebas

Para construir nuestra identidad de una manera auténtica,
es importante explorar en cinco direcciones

Decía Agrado, un personaje de la película de Almodóvar *Todo sobre mi madre*, que una es más auténtica cuanto más se parece a lo que ha soñado de sí misma. Pero soñar sin conocer todo lo que está a nuestro alcance no es soñar, es imaginar. Todo lo que no existe es fantasía. Lo que existe y podemos soñar con conseguir algún día es lo que hay que descubrir, pero solo podremos hacerlo si nos movemos.

El sentido de la adolescencia es hallar lo que hay dentro y fuera de nosotras que conecta con lo que tenemos en nuestro interior. En esta etapa realizamos las pruebas necesarias para encontrarnos, comprometernos con eso y empezar a trazar un plan que dé sentido a nuestra vida. Para facilitar que tus amivis descubran ese plan y construyan su identidad de la forma más auténtica posible, es importante que tengas una buena perspectiva sobre el mapa de su exploración.

Conocer las cinco direcciones en las que van a explorar (como verás en el siguiente capítulo) e ir siguiendo a distancia sus recorridos te permitirá hacerte presente solo cuando sea necesario, sin marcarles el camino ni cargarlas con maletas que no son suyas. El mundo en el que van a vivir su adolescencia es más complejo de lo que lo fue el nuestro, tienen referentes mucho más numerosas y diversas de las que tuvimos, muchas más opciones para acceder a la información, muchas más plataformas en las que proyectarse al mundo y, sí, también, muchos más riesgos. Sin embargo, también hay muchas más oportunidades de encontrarse con lo que realmente resuena en su interior para conectar con ellas y con lo que las mueve. Muchos más momentos para soñar a lo grande con ser auténticas y empezar a marcarse objetivos para conseguir lo que se propongan.

Puede que toda la diversidad que existe hoy te desoriente. Quizá no te guste, te haga sentir incómoda, no la comprendas. No olvides que la humanidad es diversa. Nos queda mucho por ver, y nos iremos de este mundo sin haberlo visto todo. Reconocer y visibilizar la diversidad es el principio activo de una sociedad más justa. No condenes el mundo en el que tus amivis se convertirán en personas adultas y vivirán los momentos más importantes de su vida. Aprende sobre él y preséntaselo.

El parque al que las llevabas de pequeñas es ahora el ancho mundo. Todo el planeta es el patio del colegio y todo lo que existe en él son sus juguetes actuales. Tan importante es ahora que jueguen con ellos como lo era entonces. La zona de juego ha crecido y hay muchas más opciones para disfrutar de la vida. Mayor altura para crecer y mayor margen de error. Hazte invisible a su lado y avanza junto a ellas caminando a una distancia prudente en las cinco direcciones que van a atraerlas con su encanto a partir de este momento. Observa que esos cinco caminos se entrecruzan y se separan. Se acercan y se alejan. Se unen y se fusionan. Da un paso atrás, deja que empiecen el viaje hacia sí mismas y mantente actualizada y expectante para ayudarlas en algunos de los tramos de su primera aventura como seres individuales. Dales espacio para que se sientan libres y puedan convertirse en las primeras de su nombre.

Las cinco direcciones en las que te conviene mirar para ayudar a tus amivis a llenar de significado su nombre son:

1. Su vida familiar.
2. Su vida vocacional, académica y laboral.
3. Sus relaciones con otras personas adultas fuera de la familia, y las relaciones con sus iguales, tanto las de amistad como las amorosas.
4. El cuidado de su salud.
5. Su relación con ellas mismas.

Tener perspectiva sobre esas áreas de exploración te permitirá aportarles oportunidades para que exploren y detectar los riesgos inherentes a cualquier expedición por territorios desconocidos.

Nuestra identidad no es estática, homogénea e inalterable. Es diversa, y muestra diferentes aspectos de sí misma en los distintos entornos en los que nos movemos. Durante la adolescencia, eso puede ser desconcertante. Sentir y actuar de formas distintas en los diferentes ámbitos de su vida, cuando aún no tienen suficientes recursos para entender y manejar lo que pasa, las sitúa en una posición vulnerable. Nos vamos dando sentido a medida que atesoramos experiencias de todo tipo y reconociéndonos en ellas. Esas experiencias las vivimos caminando en esas cinco direcciones.

La adolescencia despierta la necesidad constante de inventarnos, y esa urgencia puede hacer que se desorienten durante el proceso. En los capítulos siguientes encontrarás algunas ideas para ayudarlas a cuidarse, a orientarse de nuevo y a proseguir su andadura. Para ser cómplice de su cometido y lograr que se enamoren de todo lo que hay en ellas, céntrate en que salgan al mundo, presenten sus cualidades, aumenten y desarrollen sus habilidades, identifiquen sus talentos y encuentren sus propios motivos para seguir caminando.

18

Raíces y señales

El primer lugar que miramos y analizamos cuando somos adolescentes es nuestro entorno familiar. Cuando empezamos a escribir nuestra historia, lo hacemos por el principio, porque cuando salimos al mundo eso es lo primero que nos pueden preguntar y lo único que nos respalda cuando estamos solas ante él.

Si preguntas a las personas adolescentes por su familia, rápidamente te das cuenta de si se sienten cómodas hablando de sus características o no. Algunas cambian de tema, no saben qué explicar o mienten. Muchas no se sienten bien hablando de su familia si a lo que se dedican y cómo viven no es prestigioso en la sociedad o no cubre sus necesidades. Tampoco suelen invitar a sus amistades a casa o hablar de ella si no se sienten cómodas con su entorno, con las características de la vivienda, de su habitación, si la situación de su madre o de su padre es complicada... Por eso es importante que puedan decorar su espacio a su gusto y aportar algo a los otros espacios de la casa.

Es fundamental que tengan claro a qué te dedicas, que hables de tu trabajo con frecuencia y expliques lo que haces en tu día a día laboral, pero también para qué sirve lo que haces. Hazlo emocionante, ponle creatividad. Cuéntales para qué es necesario y qué aporta al mundo lo que haces. Explícales las competencias que necesitas para realizarlo, todo lo que sabes hacer para desarrollarlo, todo lo que has aprendido de él, cómo es un día en tu trabajo, qué es lo que más te gusta de él. Llévalas a ver dónde trabajas, preséntales a colegas y facilita que les cuenten a qué se dedican y qué les gusta de su trabajo.

Pregúntales si les parece bien el sueldo que ganas con relación a la importancia que tiene tu trabajo para el mundo y permíteles que pregunten, opinen y hagan propuestas sobre lo que debería cambiar para que las condiciones fuesen mejores, si es el caso. Muchas veces no saben ni cuál es el sueldo que entra en casa o qué tareas específicas implican nuestros trabajos. En ocasiones, puede que hagan comentarios desafortunados sobre tu profesión porque, entre otros motivos, parten de una idea demasiado abstracta y general que entra en contacto con otras realidades que suelen comparar. Hablar de lo que has hecho hoy en el trabajo y del resultado que ha tenido eso les permitirá ubicarse de una forma más precisa en tu día a día y en lo que haces. También les facilitará la tarea de explicarlo fuera de casa y evitará comparaciones. Pon en valor, sin reproches hacia ellas, todo lo que conlleva ser tú y lo que haces a diario de forma descriptiva, con el objetivo de que tengan información importante para el proceso de construcción de su identidad. No critiques constantemente tu trabajo ni repitas sin parar lo cansada que estás de trabajar ahí y lo que te agobia vuestra situación. Comparte anécdotas de él y pídeles su opinión, pero evita quejarte cada dos por tres.

Procura también que puedan conocer al máximo la historia familiar, ya que suele despertarles mucho interés. No esperes a que te pregunten para enseñarles fotos de las personas mayores de vuestra familia, explicarles sus historias, sus orígenes, mostrarles objetos, viajar a lugares relacionados con la historia familiar... Todo lo que pueda aportar a la creación de su historia y darles elementos con los que puedan identificarse es bienvenido. Quizá no muestren mucho interés ante tus propuestas, pero que eso no te haga abandonar. Estarás mostrándoles las señales para que se reconozcan como parte de un sistema que se define por muchas situaciones que han existido antes de que ellas estuvieran en el mundo. Les estarás dando un contexto firme que luego podrán poner en común con sus iguales. Estarás abonando la tierra bajo sus pies para reforzar sus raíces y ganar seguridad.

Abre su mirada hacia la sociedad en la que viven, su ciudad, su país, su cultura. ¿Dónde están en el mapa geográfico? ¿De dónde son? ¿De dónde se sienten? ¿Con qué partes de su cultura se sienten cómodas y con cuáles no? ¿Qué sistema político impera en su país? ¿Qué implica? ¿Se identifican con él? Ponlas en contacto con otras culturas, con otras tradiciones, con otras formas de organización sociopolítica que existen y hazlas reflexionar sobre ellas. Debatid sobre las condiciones de las personas que viven en otros lugares del mundo. Preséntales los derechos humanos. ¿Cuáles son? ¿Para qué sirven? ¿Qué es la ONU? ¿Qué es la OMS? El apoyo de la familia es crucial para forjar la identidad.

Si facilitas que tus amivis accedan a esa información y permites que la exploren, las estarás ayudando a hacer conexiones muy importantes que pueden ser fundamentales para conocerse y construirse a ellas mismas.

19

Alas y semillas

La familia es esencial en nuestro proceso de convertirnos en las primeras de nuestro nombre, pero no solo porque nos da un contexto y nos ayuda a completar los vacíos con información sobre nuestros orígenes o nuestras circunstancias sociopolíticas y culturales. La familia puede darnos alas para explorar o encadenarnos a un peso brutal atado en los tobillos. Alas para volar y encontrar los atributos y las particularidades que nos hacen únicas, y que permiten que las demás personas nos reconozcan y sepamos lo que nos hace sentir bien. Peso para avanzar poco a poco y con pánico, para hacernos dependientes, para atraparnos en la ambigüedad y hacernos arrastrar la sensación de no estar en el lugar adecuado. Esto último puede resultar en una falta de bienestar y, con suerte, mucha terapia en la vida adulta.

Una de las responsabilidades que cargamos sobre la adolescencia es la orientación laboral temprana. Esta es la segunda dirección en la que tendremos que mirar y a la que deberemos prestar atención en esta etapa porque tiene un gran impacto sobre la autoestima y la construcción de su identidad.

En un momento de gran complejidad caracterizado por el

caos, forzamos que las personas adolescentes escojan un camino profesional. Como es algo que de momento no podemos cambiar —porque implica a todo el sistema educativo—, es importante que nos enfoquemos en ayudarlas a decidirse. Si quieres facilitar que tus amivis se comprometan con sus opciones vocacionales y académicas, y tomen decisiones al respecto para iniciarse en el mundo laboral, fomenta la diversidad en su día a día. El día a día adolescente debe sostenerse en una estructura sencilla y sólida con rutinas claras, pero también acoger la diversidad experimental que requiere la etapa.

«Vocación», «formación» y «trabajo» son tres términos que se nombrarán mucho en este momento de su ciclo vital, pero tenemos que asociarlos a emociones agradables en lugar de vestirlos de presión y exigencias académicas. Si no les damos ningún acompañamiento para que conozcan sus opciones y nos limitamos a repetir constantemente que ciertas decisiones tendrán consecuencias terribles, las estresamos y les ponemos un peso que les impide explorar. Para acompañarlas en su búsqueda con la menor presión posible, enfócate en llegar a acuerdos con ellas para que prueben diferentes actividades de ocio y otras relacionadas con diversos ámbitos laborales. Esas experiencias les revelarán las diferentes opciones laborales que tienen a su disposición. Ayúdalas a probar y a descartar si lo que prueban no les gusta, no las hace sentir bien o allí no encuentran su lugar. Impúlsalas a comprometerse y a avanzar si encuentran algo que les gusta, las hace sentir bien y creen que pertenecen a ese lugar.

Valora la situación de tus amivis, recuerda el capítulo sobre las personas adolescentes de tu vida. Según cómo valores sus cualidades y según muestren sus intereses, anímalas a probar actividades relacionadas con las áreas que ofrecen esas oportunidades laborales.

Si muestran cualidades o expresan intereses relacionados con la **comunicación**, las redes sociales, la dialéctica…, promueve que gestionen redes sociales, que hablen en público, que participen en debates, que organicen actividades sociales… Acércalas a profesiones y oficios como periodismo, comunicación audiovisual, relaciones públicas, filosofía, gestión de redes sociales…

Si observas en ellas cualidades o intereses relacionados con la **educación**, promueve que acompañen procesos de aprendizaje (como dar clases particulares, hacer de monitoras o de canguro), explicar las normas de los juegos o cómo se hacen actividades que conocen, grabar tutoriales, organizar sesiones de estudio con amigas en casa… Acércalas a profesiones y oficios como magisterio, pedagogía, psicopedagogía, educación social, psicología de la educación…

Si muestran cualidades o intereses relacionados con la **lengua** y la **literatura**, promueve actividades relacionadas con la lectura, la escritura, el aprendizaje de idiomas, la traducción de un idioma que conocen al suyo, la visita a bibliotecas, la participación en certámenes literarios y círculos de lectura, que vayan a firmas de libros, que tengan un blog, que dinamicen un canal en redes sociales de reseñas de libros, llévalas a conocer una editorial… Favorece encuentros con escritoras, filólogas, editoras… Acércalas a profesiones y oficios como filología, traducción e interpretación, biblioteconomía...

Si muestran cualidades o intereses relacionados con la **economía** o el mundo de los **negocios**, promueve que diseñen proyectos de los que puedan obtener un beneficio económico, que participen en eventos relacionados, que conozcan a personas que han fundado empresas, haced pequeñas inversiones juntas para crear algo que pueda crecer, permite que te asesoren cuando hagáis compras en casa, que hagan presupuestos de previsión de gastos... Preséntales profesiones y oficios como administración y dirección de empresas, económicas, ciencias del trabajo...

Si muestran cualidades o intereses relacionados con las **relaciones humanas**, anímalas a hacer voluntariado, a cuidar animales, a participar en asociaciones en la defensa de causas concretas, a asistir a campamentos... Facilita que conozcan a profesionales de ámbitos como trabajo social, derecho, psicología, educación social, cooperación internacional...

Si muestran cualidades o intereses relacionados con la **sanidad**, fomenta que se ocupen del botiquín en casa, que te ayuden a entender ciertos medicamentos, que te acompañen al centro de salud, que vean series y pelis en las que haya profesionales de la salud, que se ocupen de las pequeñas curas que se deban hacer a sus animales o a personas de la familia... Acércalas a profesiones y oficios como medicina, enfermería, psiquiatría, psicología, odontología, nutrición, actividad física, fisioterapia, farmacia...

Si muestran cualidades y o intereses para la **ciencia**, conéctalas con actividades orientadas a experimentar, a investigar, preséntales a personas científicas que hicieron descubrimientos importantes, que visiten museos relacionados con la ciencia, que conozcan a personas que se dedican a investigar profesionalmente… Acércalas a las profesiones y oficios como biología, química, física, genética, matemáticas…

Si muestran cualidades o intereses relacionados con la **tecnología**, promueve que asistan a eventos tecnológicos, que participen en concursos, que dispongan de tecnología en casa, pídeles que te ayuden con la tecnología siempre que puedas, que te expliquen las últimas novedades en esa materia… Acércalas a profesiones y oficios como ingenierías, programación, desarrollo de videojuegos, ciberseguridad…

Si muestran cualidades o intereses relacionados con **profesiones técnicas**, estimula que hagan pequeñas reparaciones en casa, que cocinen, que monten y desmonten muebles, que cuiden del jardín, que te maquillen, que conozcan a personas que se dediquen a la carpintería, la fontanería, la albañilería, la peluquería, los cuerpos de seguridad… Acércalas a oficios y profesiones técnicas, como peluquería, maquillaje, cocina, jardinería, electricidad, carpintería, albañilería, fontanería…

Si muestran cualidades o intereses relacionados con el **arte**, facilita que puedan ir a clase de sus disciplinas favoritas —dibujo, pintura, música, danza, teatro, canto, fotografía…—, que participen en actividades relacionadas con su área artística de interés, que tengan la oportunidad de exponer su trabajo o para ser vistas y escuchadas, que cuenten con los instrumentos y herramientas que necesitan y con espacio para crear, que conozcan a artistas y personas que trabajan en la industria de las artes en general, que vayan al teatro, al cine, a conciertos, a exposiciones… Acércalas a profesiones y oficios como bellas artes, historia del arte, diseño gráfico, arte dramático, estudios superiores de música, estudios superiores de danza, videojuegos, estudios superiores de cine…

Me dejo muchísimas opciones, pero es importante que puedas buscar las máximas en función de sus cualidades y de los intereses que expresan tus amivis. De nuevo, explota tu creatividad. Es un momento muy importante para ponerlas en contacto con todas las opciones que existen en el mundo para ellas, de sembrar las semillas que después van a cultivar, al menos, durante los primeros años de su vida como jóvenes adultas.

Busca todas las opciones que se te ocurran antes de sentarte con ellas a mostrárselas. Facilita que conecten con profesionales que se dedican a las áreas para las que muestran mayores cualidades o interés. En esa estructura cotidiana que les va a dar seguridad, posibilita que prueben todo lo posible para que encuentren sus intereses de ocio y las diferentes alternativas laborales que encajen con sus cualidades y preferencias. Vivimos en un mundo en el que esta exploración es mucho más agradable para las personas que viven en situaciones socioeconómicas favorables, pero no te rindas si no es tu caso. Busca las oportunidades que ofrecen diferentes organizaciones, pregunta si hay becas, estancias en el extranjero, viajes, campamentos, materiales, recursos online… Aunque vuestra situación socioeconómica no sea la mejor, hay opciones. Ayuda a tus amivis a encontrarlas.

En cualquier caso, dales alas para que puedan explorar y encontrar las primeras semillas que sembrarán al inicio de su vida adulta. Para acabar este capítulo, si te apetece, te invito a que abras el cuaderno y reflexiones sobre las cualidades e intereses que muestran tus amivis. Piensa en qué áreas de las que conoces podrían destacar y busca en internet todas las opciones que encuentres relacionadas con ellas. Anótalas en el cuaderno y tendrás un punto de partida para ayudarlas a escoger si no lo tienen muy claro. Puedes hacer mucho para que se sientan más seguras a la hora de orientarse académicamente y empezar a definir su identidad laboral.

20

Cobijo y reflejo

La exploración orientada a la construcción de la identidad tiene como cómplices, además de a la familia, a todas aquellas personas con las que conectamos y con las que nos relacionamos, o no. Las personas adultas con las que coincidimos en nuestros diferentes entornos, la familia de nuestras amistades, las amistades de nuestras madres y padres, las profesoras del instituto, la entrenadora del equipo, la educadora del centro juvenil, quienes viven en nuestro edificio… Las personas que están en el mismo momento de desarrollo que nosotras y con las que nos relacionamos en el instituto, en las clases de inglés, en los entrenos de baloncesto, en las clases de danza, pero que no son amigas íntimas. Nuestras amistades, esas personas que tienen un lugar especial en nuestra vida, ante las cuales nos mostramos en todo nuestro esplendor y con las que compartimos un universo emocional particular. Nuestras parejas y amores diversos, con quienes experimentamos por primera vez las relaciones de intimidad y ante las cuales exponemos nuestra vulnerabilidad. Las personas a las que seguimos en las redes sociales, artistas, influencers, deportistas, como Simone, que se convierten en inspiración para nuestro proceso.

Esta es la tercera dirección en la que debemos mirar y a la que debemos prestar atención cuando acompañamos el desarrollo de la identidad en la adolescencia. Las personas con las que se relacionan o que admiran tus amivis son esenciales para que puedan convertirse en las primeras de su nombre.

Tendrás que esforzarte por conocerlas lo máximo posible y estar actualizada sobre las personas a las que admira, dentro y fuera de las pantallas. Acércate a ellas siempre sin juicios, poniendo el foco en las conductas que no te parezcan adecuadas y reforzando las que creas que lo son. «¿Qué te parece que viva en una casa tan grande?», «¿Crees que es fácil tener una casa así?», «¿Crees que es fácil llegar a estar en su posición?», «¿Qué te parece que salga siempre medio desnuda en las fotos?», «¿Por qué crees que lo hace?», «¿Cómo crees que aguanta tantas horas en directo?», «¿Qué es lo que más te gusta de ella?».

Todas son hijas de su tiempo, igual que nosotras. Síguelas en las redes sociales para conocer sus novedades y usa esa información para crear conversaciones y proponerles actividades que puedan realizar con sus amistades. Descubre las personas adultas con las que se relacionan y a las que admiran: ¿la tutora del instituto?, ¿la profe de inglés?, ¿la pareja de su tía?, ¿la vecina del tercero?, ¿tu amiga Hannah? Es importante que observes cómo miran y escuchan a esas personas, cómo hablan de ellas.

Hay muchas personas que en este momento están lanzando distintos mensajes sobre temas diversos al universo de tus amivis. Ahora no solo te tienen a ti como su luna particular. Ahora cuentan con una galaxia llena de estrellas de distintos tamaños que, desde su perspectiva, brillan más que tú, y que estarán más lejos o más cerca cuanto más las iluminen con su luz, cuanto más les llegue la fuerza de su energía. Es importante que sea así, y cuanto más variadas sean las informaciones que reciben, más oportunidades tendrán de encontrar las opciones específicas para ellas. Los mensajes no son solo palabras, son actitudes, gestos, formas de vestirse y peinarse, valores, estilos de vida…

Observa más allá de las palabras para entender de dónde reciben sus influencias. Procura que diversifiquen los grupos con los que se relacionan, que entren en contacto con distintos grupos de intereses variados, que conozcan a personas adultas diversas. Pon el acento sobre su ocupación y estilo de vida cuando hables de ellas. «Mi amiga Hannah vive en Marruecos, dirige un camping de caravanas cerca del desierto y no es madre». «Mi amigo Dani es bombero, tiene una banda de música en la que toca la batería, vive cerca del mar y tiene dos hijas». «Mi amiga Laura es supercreativa, le encanta pintar y ha adoptado a su hija. Trabaja como auxiliar de vuelo y de vez en cuando hace exposiciones». Cuantos más estímulos, mejor. Cuanto más ordenada les des la información, mejor.

Ayúdalas a descubrir diferentes estilos de vida y genera reflexión sobre ellos. «¿Qué te parece la ocupación de Hannah?», «¿Crees que debe ser sencillo dirigir un camping?», «¿Se ve feliz a Dani?», «¿Crees que le gusta su trabajo?», «¿Qué te parece que Laura haya adoptado?». Para esto también te servirán las series y películas. La idea es que puedan tener acceso a muchas formas de vivir y plantearse lo que supone cada una de ellas.

Esfuérzate por conocer a sus amistades íntimas, a sus parejas y amores diversos. Abre el cuaderno y anota sin pensar todos los nombres de las amistades de tus amivis que te vengan a la mente. Es importante que puedas visualizarlas lo mejor posible. Ayúdalas a equilibrar el tiempo que pasan con sus parejas y con sus amistades, que a veces se descompensa porque se concentran muchísimo en las relaciones de pareja y pueden desatender las demás. Si detectas que está pasando algo en sus relaciones, intenta generar la reflexión para que piensen sobre ello y puedan llegar a sus propias conclusiones. Puedes decirles, por ejemplo, que has observado que hace días que no quedan con su grupo de amigas, que sabes que están muy bien con su pareja y que tienen ganas de pasar tiempo con ella, pero que puede que, si siempre les dicen que no a sus amigas, dejen de llamarlas. Pregúntales si creen que podrían pasar un rato del fin de semana con sus amigas y otro con su pareja. Describe la conducta que has observado y sobre la que quieres generar la reflexión. Dales motivos para cambiar la conducta verbalizando la razón por la cual esa conducta debería mejorar. Valida lo que sienten y que ahora puede estar provocando que lo hagan de esa manera. Dales indicaciones o hazles propuestas claras para aportarles una forma concreta de comunicar o de hacer lo que necesiten la próxima vez que se encuentren en esa situación. No esperes que te den las gracias o que acepten lo que les dices de entrada, solo hazlo.

Al acompañar la adolescencia no debemos esperar que nos den palmaditas en la espalda. Debemos encender la chispa para que piensen, no para que nos reconozcan. Aunque pueda resultar difícil de creer o duro el proceso, es muy importante que estés ahí con la convicción de que lo que haces tiene sentido. Esta pauta te puede ser útil en muchos momentos.

Es fundamental que compartan tiempo con sus amistades, que tengan proyectos en común y que puedan organizarlos juntas. Muéstrate siempre colaboradora con sus ideas y, aunque a veces tengas que ayudarlas a ajustar sus expectativas o negociar sus condiciones para prevenir ciertos riesgos, no des un «no» de entrada a lo que quieran hacer. Diles que te encanta que tengan iniciativas de ese tipo. Así las validas, las animas a estimular su creatividad y despejas el canal de comunicación entre vosotras. Pídeles detalles: si tiene claro lo que quieren hacer, por qué han escogido eso en concreto, qué han pensado exactamente, si ya saben cómo hacerlo… Así te aseguras de saber de dónde parten, qué expectativas tienen, qué saben y detectas en qué puedes ayudarlas. Sentaos a buscar información y a elaborar un pequeño informe de lo que piden que incluya todo lo que hay que tener en cuenta y que vayáis encontrando. Analizad juntas toda la información y pídeles que reflexionen sobre las partes que son posibles ahora y en las que todavía deben trabajar (si tienen que conseguir algo antes de realizar la actividad, etc.). Siempre que puedas, incluye a sus amistades en el proceso y ayúdalas a entender los límites de lo que piden. En mi primer libro encontrarás muchas estrategias para generar esta reflexión.

Para acabar, acordad el momento de hacerlo y elaborad juntas un plan para que lo hagan. Sus amistades adolescentes las acogen cuando tienen problemas y les dan aliento para seguir adelante. Con ellas celebrarán los momentos bonitos de su vida y muchas de ellas pasarán a formar parte de su red social de apoyo para una gran parte o la totalidad de su vida. ¿Conservas algunas de las tuyas? ¿Qué pasó con ellas? ¿Recuerdas a alguna de las personas que admirabas? ¿Tus mentoras? ¿Tus ídolos? Todas esas personas a las que admiran y con las que se relacionan son cobijo para ellas y el reflejo de lo que están construyendo. Son inspiración para su búsqueda. No les niegues la posibilidad de hacerlo y vela con dedicación por esta importante necesidad de la etapa.

21

Armonía y sostén

En la construcción de la identidad, la salud es imprescindible. Por lo tanto, otra de las cinco direcciones en la que vas a tener que mirar, y que conviene acompañar en esta etapa, es la salud de tus amivis en todas sus vertientes.

Las personas adolescentes, inmersas en una tormenta de sensaciones y emociones muy intensas, pueden llegar a descuidarla mucho. Nuestra tarea es velar para que eso no pase y ayudarlas a desarrollar hábitos lo más saludables posible para que en su vida adulta puedan cuidar de ellas mismas.

No nos lo pondrán fácil, pues estarán pendientes de otras cosas. Pueden negarse y desafiarnos en muchos momentos, y no nos quieren demasiado cerca, pero es importante que las ayudemos a cuidar de su salud en esta etapa hasta que sean capaces de cuidarla solas.

Tendremos que observar el estado de su salud física y mental. Conocer la importancia de cuidar de nuestro cuerpo y nuestra mente nos aporta una dimensión más de nuestra identidad. Nos hace ser conscientes de cómo somos y de cómo funcionamos. Comprobar su higiene, el estado de todas las partes de su cuerpo (la piel, el pelo, las uñas, los dientes, los ojos, los órganos sexuales…). Acordar con ellas situaciones para el cuidado de la piel, el pelo, las uñas, los dientes, los ojos, los órganos sexuales… Esos momentos no son negociables. Ahora priorizan otros temas, por eso es fundamental que nos mostremos firmes si detectamos que no muestran interés por cuidarse.

Te ayudará establecer rutinas sencillas y claras y, al menos al principio, deberás supervisarlas. Déjales espacio para que se ocupen de sus rutinas, pero asegúrate de que lo han hecho e insiste si observas que no ha sido así, utilizando las pautas que te comento en otros puntos de este libro y en el primero. Comparte esas rutinas con ellas si detectas que les cuesta. Ayúdalas a identificar el estado de su piel y a cuidarla. A identificar el estado de su higiene y a cuidarla. Facilita que se hagan los chequeos correspondientes de forma periódica (revisiones odontológicas, análisis de sangre, revisiones ginecológicas/andrológicas y oftalmológicas…). Márcate un calendario anual de revisiones, compártelo con ellas y déjalo a la vista. Quédate junto a ellas mientras reservan la cita para las diferentes revisiones, pregúntales periódicamente si recuerdan la fecha de tal o cual revisión y acompáñalas o proponles que inviten a alguna de sus amistades a acompañarlas.

Incluye la salud mental en ese calendario. Tener visitas periódicas con psicólogas —para que entren en contacto con una profesional más que puede ayudarlas a cuidar sus pensamientos y emociones— aportará naturalidad al cuidado de su salud mental y emocional. Preséntales otras profesiones que pueden ayudarlas a cuidar de su salud: fisioterapia, nutrición, sexología… Apóyate en la ayuda profesional y transmíteles la información necesaria para que puedan hacer frente a ciertas decisiones de la etapa como, por ejemplo, el consumo de sustancias o de pornografía, o el inicio de las relaciones sexuales. Hay profesionales que pueden hacerles llegar información y resolver sus dudas, además de convertirse en referentes para aclarar ciertas cuestiones que se les plantearán durante esta etapa y que tus amivis no te comentarán por vergüenza. Recuerda que lo importante es que tengan acceso a la información y referentes adultas que puedan aportarles perspectiva. Conocer a diferentes profesionales también te ayudará a resolver las diferentes dudas que se te pueden plantear durante esta etapa. Las personas adolescentes descubrirán su orientación sexual, explorarán su identidad de género, experimentarán con prácticas sexuales sobre las que puedes tener dudas, buscarán dietas o practicarán actividades físicas —y de todo tipo— que puede que no conozcas.

La idea de mirar en esta cuarta dirección es que puedan conservar una cierta armonía en su salud y favorecer el sostén de ciertas situaciones físicas y emocionales que quizá las desestabilicen. Si saben lo que hay que tener en cuenta diariamente para cuidar de su salud y dónde acudir cuando tengan cuestiones específicas relacionadas con ella, se conocerán mejor, detectarán las circunstancias extrañas con mayor eficacia y sabrán qué mecanismos activar para solucionar esa situación.

22

Reinas y tronos

La quinta dirección es su relación con ellas mismas. Las protagonistas de su proceso son y deben ser ellas. Nosotras solo podemos aportar oportunidades de desarrollo y acompañarlas para que nunca se sientan desamparadas durante este tránsito, para que tomen decisiones más informadas y que sus consecuencias no les dejen huellas demasiado profundas que limiten su vida adulta.

Están convirtiéndose en las primeras de su nombre para que, como Simone, puedan reivindicar su autenticidad ante el mundo con seguridad. Necesitan toda nuestra paciencia y templanza para hacerlo de forma confiada. La ropa que van a llevar, los colores, el maquillaje, los accesorios que usen, la música que escuchen, sus lecturas, las actividades que escogen… todo hablará de esa identidad que están construyendo. Observa esos cambios diarios y sus preferencias para seguir su proceso y contárselo cuando sean adultas.

Algunas de las exploraciones más visibles durante esta etapa es la del estilo. Muchas de las fases por las que pasan relacionadas con su aspecto pueden sorprendernos o desorientarnos. Es importante no interferir en su proceso de exploración y descarte. Probarán con diferentes atuendos, peinados y estilos. Ensayarán distintas expresiones de su individualidad. Tras cada cambio de estilo hay un proceso de encontrarse en su piel con esa nueva forma, de sentir si están cómodas con esa manera de mostrarse al mundo. En ese momento de ensayo y error pueden pedirte algo arriesgado, lo que pondrá de manifiesto la importancia de tu intervención y acompañamiento para que no hagan algo irreversible sin tener toda la información o conocer todas sus opciones.

De nuevo, no les digas «no» de entrada y sigue las pautas del capítulo que les da cobijo y reflejo. Acompáñalas de compras, deja que busquen y te lleven a sus tiendas favoritas, que te expliquen por qué les gustan esas prendas, haz que reflexionen sobre ellas: comodidad, sostenibilidad, tejidos, precio, usos... En su exploración, algunas personas adolescentes se aferran a los roles de género más estereotipados. Otras, sin embargo, no se sienten identificadas con ellos y buscan en otras direcciones. Afortunadamente, en la actualidad contamos con referentes muy variadas entre las cuales las personas adolescentes pueden encontrar las opciones que mejor las hacen sentir en su cuerpo y con las que más se identifican. Si presentan una opción referente a su estilo, a su orientación sexual, a su identidad de género o a cualquier otro aspecto de su búsqueda con la que no estás familiarizada, infórmate.

No juzgues y muestra naturalidad ante cualquiera de sus expresiones. Si descubres que tenemos que proteger los derechos de su opción, necesitarán todo el apoyo posible por tu parte. Conéctalas con asociaciones que trabajen por los derechos de los diferentes colectivos y con personas con las que tengan afinidades o similitudes. Si en su búsqueda se sienten atraídas por otras culturas, idiomas y países lejanos, no les digas que ya se les pasará o que ya tendrán tiempo de viajar. Busca con ellas la forma de hacerlo. A veces, las reinas necesitan conquistar otros territorios para definir las fronteras de su reino. A veces, antes de ocupar su trono, necesitan conocer otras formas de estar en el mundo y de sentirse en él. No seas el ejército que ataca su imperio, sé la mano que las ayuda a sostener su corona y a proteger a su pueblo.

Ideas principales

✓ El sentido de la adolescencia es hallar lo que hay dentro de nosotras y lo que hay fuera que conecta con lo que tenemos en nuestro interior. Dales espacio para que se sientan libres y puedan convertirse en **las primeras de su nombre**.

✓ **Las cinco direcciones** en las que te conviene mirar para ayudar a tus amivis a llenar de significado su nombre son: su vida familiar; su vida vocacional, académica y laboral; las relaciones con otras personas adultas fuera de la familia, y las relaciones con sus iguales, las de amistad y las de pareja; el cuidado de su salud; y la relación con ellas mismas.

- La primera dirección en la que debes mirar es la familia. Facilita que se reconozcan como parte de un sistema familiar, social y cultural definido por muchas situaciones que han existido antes de que ellas estuvieran en el mundo. Dales **raíces y señales**.
- La segunda dirección en la que debes mirar es la orientación laboral. Fomenta la diversidad en su día a día para que tus amivis encuentren sus opciones vocacionales y académicas, tomen decisiones para iniciarse en el mundo laboral y se comprometan con ellas. Dales **alas y semillas**.
- La tercera dirección en la que debes mirar es el grupo de personas que las rodean o las inspiran. Procura que descubran diferentes estilos de vida, que se relacionen con personas diversas y que pasen tiempo con sus amistades. Dales **cobijo y reflejo**.
- La cuarta dirección en la que debes mirar es su salud. Ayúdalas a identificar el estado de todas las funciones de su cuerpo y de su mente, y establece con ellas rutinas sencillas relacionadas con el cuidado de todos los aspectos de su salud. Dales **armonía y sostén**.

- La quinta dirección en la que debes mirar son sus preferencias. Es importante no interferir en su proceso de exploración y descarte. Infórmate si desconoces algunas de las opciones que exploran, no las juzgues y muestra naturalidad y respeto. Son auténticas **reinas** y tienen su propio **trono**.

CUARTA PARTE

La competición

Cómo se traduce lo anterior en el día a día de la adolescencia

Tienes presente la repuesta de Simone. Recuerdas la dirección en la que vas. Conoces algunos aspectos importantes de la adolescencia. Entiendes cómo las experiencias que se viven en la etapa afectan a la autoestima y a la construcción de la identidad. Has aprendido muchas estrategias para acompañar el desarrollo de la autoestima de tus amivis. Visualizas las cinco direcciones en las que explorarán para construir su identidad. Todas las partes de este libro te conducen a esta que, aunque es la última, es la principal. ¿Cómo se materializan todas las partes anteriores en vuestro día a día?

Esta parte te permite percibir la importancia de tener claras las anteriores y de practicar las pautas que he ido dándote. La parte en la que descubres la gran complejidad de la adolescencia, entiendes la importancia de tu papel en el desarrollo de su autoestima, en la construcción de su identidad, y te comprometes con la bonita tarea de ser su faro y su ancla. De inspirar su búsqueda y aportar seguridad a sus pasos.

Las personas adolescentes reciben cada día millones de estímulos que tienen el potencial de desestabilizarlas, desorientarlas, motivarlas, dañar o restaurar su autoestima. En vuestro día a día, a la hora de la verdad, no hay atajos ni hechizos mágicos. A la hora de la verdad estás contigo misma y con lo que eres capaz de hacer. Para potenciarlo, pon en práctica las pautas, una a una. Síguelas durante el tiempo que sea necesario para aprendértelas. Repetir es la clave. Analizar lo que ha fallado te ayudará a aprender mejor y a avanzar más rápido.

A diario, ten cerca el cuaderno para plasmar en él lo que necesites: observaciones, lo que te sorprende, errores, propuestas de mejora, los cambios que vas notando en ellas y en ti... Todo lo que puedas registrar será útil en tu labor. Prepárate para entrar en acción y ayudarlas a ser personas capaces y auténticas.

A continuación encontrarás los objetivos que te invito a perseguir cada día en los diferentes ámbitos en los que se desarrolla su autoestima y la construcción de su identidad.

23

El día a día en casa

El objetivo principal que debes perseguir en casa con tus amivis es que tengan una buena percepción del lugar que ocupan en la familia.

Aquí te doy algunas pautas:

- Es vital que puedas nombrar sus cualidades a menudo y sus diferencias en positivo, como descubriste en el capítulo para pulir las alteraciones.
- Si tienes varias adolescentes o personas en diferentes momentos de su desarrollo, recuerda otorgar a cada una un lugar único y especial haciendo visibles sus dones, sus limitaciones y sus diferencias en positivo, por igual y de forma habitual.
- Las personas adolescentes de tu vida tienen que sentirse integradas en su sistema familiar. Es importante que perciban que se las implica en las decisiones familiares y que tengan la oportunidad de participar y mostrar sus cualidades en todo momento.
- Vigila con la vergüenza. Si tienes que comentarles algo delicado, hazlo a solas.

- Ya sabes que la confianza es la esencia, y el amor debe mostrarse siempre, aunque parezca que no lo valoran. El amor nutre en silencio la raíz de su autoestima. Transmite tu afecto hacia ellas diariamente de diferentes formas.
- Tu misión es conseguir que se den cuenta de que estás orgullosa de ellas y que las apoyarás en cualquier momento y situación.
- Si vas en esa dirección, recuerda que eso importa: puedes contribuir a que rindan más a nivel académico, se adapten mejor a los cambios, tengan una mejor salud y experimenten mayor bienestar en su adolescencia y en su vida adulta.
- Si tus amivis no se sienten queridas, aceptadas y protagonistas, sea cual sea la situación, el malestar emocional aumenta y los riesgos también. El apoyo que les das y la sensación de comprensión que reciben de ti cuando les sucede algo son muy importantes para ayudarlas a orientarse en los otros entornos en los que se mueven.
- Presta especial atención si hay adopciones, adolescentes múltiples (gemelas, mellizas, trillizas...) o procesos migratorios. En estos casos, la autoestima y la identidad son muy sensibles y pueden producirse reacciones y situaciones más llamativas.
- Intenta que puedan seguir más o menos el ritmo de sus amistades y, si no pueden, que encuentren formas de hacerlo sin recurrir a la delincuencia o a estrategias poco recomendables (robar, vender sus cosas, etc.).

24

El día a día de su cuerpo

El objetivo que debes perseguir con relación a la estancia de tus amivis en su cuerpo es que tengan una buena percepción de él, tanto de su apariencia como de sus capacidades. No tiene que ver con responder a las características de un canon, sino con lo cómodas que se sienten en su cuerpo y mostrándolo. Si no tienen una percepción que las incomoda, no se la crees.

Procura que, si practican un deporte, vayan mejorando y perciban esos avances. En esta tarea es indispensable que te comuniques con su entrenadora y que, tanto tú como ella, les transmitáis sus mejoras de forma periódica. Es básico que se sientan incluidas en los equipos de los que forman parte y que tengan la oportunidad de participar. Si no la tienen, es importante que podáis revisar con la entrenadora lo que sucede y que las ayudéis a fijarse unos retos, trazar un plan y trabajar para conseguirlos. Si tienen que mejorar sus habilidades, dejaos asesorar por la entrenadora y que os haga propuestas para conseguirlo. Si tus amivis se pasan toda la temporada en el banquillo, no pierdas el tiempo y habla con la entrenadora para aplicar mejoras que solucionen la situación antes de que su autoestima se resienta, su identidad se otorgue la característica de malas deportistas y abandonen. Lo mismo sirve para la danza y para cualquier actividad física que realicen. Mantente en contacto con las personas adultas que dinamizan las diferentes actividades, ve a los partidos, competiciones y exhibiciones, y observa cuál es su posición en el grupo y su nivel de participación.

Para tener una buena percepción de su cuerpo y sentirse cómodas en él, es importante que observes también si se gustan. Si detectas que se preocupan por la ropa que se ponen, por peinarse de una determinada manera, si cuidan su higiene, si hacen comentarios favorables a su aspecto y gustan a otras personas, si no muestran dificultades cuando tienen que exponer su cuerpo en público y no hablan mal de él, es probable que tus amivis tengan una percepción ajustada de su condición y su aspecto físicos. Eso las ayudará a adaptarse, a sentir mayor bienestar y a mantenerse conectadas con su cuerpo durante toda su vida.

25

El día a día en su centro educativo y en su tiempo libre

El objetivo principal que debes perseguir con relación a su participación en el centro educativo es que tus amivis se perciban como personas capaces de superar los diferentes retos académicos que se les plantean. No es tarea fácil si no contamos con la complicidad del sistema educativo y de los equipos docentes. Si no hay un equipo de profesionales conscientes, formadas y que estén por la labor, será un poco más complicado.

Para que tus amivis se sientan capaces de asumir los retos del entorno académico, es importante que pueda superar sus limitaciones. Para ello, es necesario que cuenten con un diagnóstico profesional que detecte sus carencias, os ayude a situaros y pueda trazar un plan para ir consiguiendo mejoras. Es de agradecer también que en el centro educativo no se las etiquete y que los equipos docentes valoren sus esfuerzos y cualidades.

Mantente en contacto con las profesionales para hacer un seguimiento, aunque de forma discreta para que tus amivis no se sientan presionadas, así que insiste para que el centro respete tu demanda de discreción. Si no reciben un feedback positivo del equipo docente, si no perciben sus mejoras ni consiguen superar sus limitaciones, será complicado que se sientan capaces de enfrentarse a los desafíos académicos que, además, irán aumentando su dificultad de forma progresiva. Concéntrate en destacar las cualidades favorables al rendimiento académico en lugar de subrayar solo sus carencias.

Para los casos de mucha dificultad, pide ayuda. No tienes que hacerlo todo tú. Busca recursos y servicios profesionales del lugar en el que vives para brindarles la colaboración que necesitan. Recibir apoyo en este ámbito tampoco es negociable. Si consigues que se vinculen con su proceso de mejora y te dejas ayudar para conseguirlo, puede que su rendimiento mejore y, con él, su autoestima, la imagen que percibe el centro, las relaciones con el resto de las personas de su clase y su sensación de bienestar.

Si tienen muchas dificultades, no hace falta que saquen grandes notas, solo que aprueben los cursos obligatorios mientras las acompañamos para que puedan escoger una opción formativa y laboral en el futuro. Céntrate en darles el apoyo que necesitan, en prestarles la atención que exigen, para ayudarlas con su motivación y para que se comprometan con su vida académica.

Por lo que se refiere al tiempo libre, procura que durante la semana realicen actividades con sus amistades y otras relacionadas con sus intereses. La idea es armonizar los distintos aspectos necesarios para su desarrollo en este momento de su ciclo vital, así que negocia, por ejemplo, diferentes porcentajes de dedicación a esos aspectos. Puedes negociar un 50 por ciento de dedicación a los estudios, un 20 a sus amistades, otro 20 a realizar actividades de tiempo libre dirigidas y el 10 por ciento restante a actividades de tiempo libre no dirigidas. Es solo un ejemplo; puedes convertir los porcentajes en horas, en días o en lo que se te ocurra.

Procura que durante los periodos vacacionales puedan descansar, pero también conectarse con actividades extraordinarias (campos de trabajo, campamentos, estancias en el extranjero, etc.). Mantente firme en los acuerdos a los que lleguéis y protege todos los espacios de su tiempo libre necesarios para su desarrollo.

26

El día a día de sus relaciones

El objetivo principal que debes perseguir en este ámbito es que tus amivis tengan una buena percepción de su vida social y de su capacidad para relacionarse. Es importante que tengan ocasiones para encontrarse con personas de todo tipo y practicar y desarrollar sus habilidades sociales. Si detectas que no las tienen, busca ayuda profesional para que te orienten y valoren el tipo de acompañamiento que necesitan para conseguirlas.

Observa a sus amistades y analiza su cantidad y calidad. No es tan importante que tengan muchas como que sean de calidad, así que fíjate en sus relaciones. ¿Les dan apoyo cuando lo necesitan? ¿Suelen buscarlas para salir y hacer algo juntas? ¿Suelen tener conflictos constantes? ¿Están lejos?

Tampoco es importante que sean personas extravertidas. La introversión es una característica de la personalidad. Si no tienen muchas relaciones, pero sí algunas de calidad, y más o menos se van relacionando adecuadamente en los diferentes espacios en los que conviven con otras personas, tranquila. Por el contrario, si tus amivis se aíslan, no se relacionan con nadie o solo online, si se quedan apartadas del resto de las personas de su edad o de otros rangos de edad en varias ocasiones, si les cuesta expresarse en público... atenta. Puede que estemos ante una falta de habilidades sociales, y es interesante que, en esos casos, puedas conectar a tus amivis con profesionales que las ayuden, además de negociar actividades basadas en sus intereses que las pongan en contacto con otras personas.

Es importante que puedan relacionarse con uno o varios grupos. Si tus amivis se autoperciben como amigas confiables, verbalizan que tienen amistades que las quieren y se muestran capaces de crear vínculos y cuidar de las relaciones, no te preocupes y ocúpate de aportar tanto como puedas.

Las personas adolescentes que tienen mejores habilidades sociales suelen sentir mayor bienestar durante su adolescencia y durante su vida, tienen mayor facilidad para adaptarse a los cambios, para enfrentarse a los retos académicos y a los de la vida, y son más aceptadas por su clase. Las relaciones entre iguales pueden ser muy positivas, pero también pueden afectar de forma poco deseable a su desarrollo. Céntrate en conseguir que sus amistades te perciban como una persona próxima que las escucha, las comprende y les presta ayuda si la necesitan. Si las tienes cerca, podrás colaborar a mejorar sus relaciones y tendrás la posibilidad de impactar en ellas de forma favorable para su desarrollo. Recuerda que todas son tus amivis, y que puedes convertirte en una referente para ellas. Recuerda ser la marea que levante todos los barcos.

27

El día a día de sus emociones

El objetivo principal que debes perseguir con relación a las emociones de tus amivis es que perciban que son capaces de regular su estado emocional y de responder a las situaciones concretas de su día a día con eficacia. Obsérvalas con atención y analiza cómo viven sus estados emocionales, cuáles son las emociones que predominan en ellas, cómo responden a situaciones diversas. Detecta los momentos en los que suelen perder el control y cuánto les cuesta recuperarlo.

Debes centrarte en ayudarlas a sentir y sostener sus estados emocionales para que comprueben que son capaces de salir adelante independientemente de cómo se sientan. Es importante que las ayudes a interpretar sus sentimientos, que las dejes vivir la experiencia emocional y te hagas presente cuando observes que puedes aportar algo. Tienen que hacer el trabajo solas, pero debes estar ahí para reforzar lo que han conseguido. Que han sido capaces de hacer el examen a pesar de los nervios. Que han podido hablar con su pareja a pesar de sus miedos. Que han podido acabar esa discusión sin faltar al respeto a pesar de su rabia. Que han sido capaces de disfrutar de su clase de danza a pesar de discutir con su hermana.

Hazte presente para recordarles que lo han superado en el pasado y que pueden volver a hacerlo.

Anímalas a que escuchen sus emociones para descubrir la historia que les están contando sobre ellas mismas. Ten presente el apartado sobre acompañar las malas experiencias. Recuérdales que en ocasiones anteriores han sido capaces de salir adelante. Que no son lo que sienten, que van a sentir muchas cosas durante su vida y que, aunque algunos sentimientos no sean agradables, podrán superarlos y seguir disfrutando de su vida.

Ideas principales

✓ En **el día a día en casa**, debes intentar que tengan una buena percepción del lugar que ocupan en la familia. Procura transmitir que tienen un sitio único e irreemplazable en la familia.

✓ En **el día a día de su cuerpo** debes intentar que tengan una buena percepción tanto de su apariencia como de sus capacidades físicas. Procura que reciban la atención necesaria para que así sea.

✓ En **el día a día en su centro educativo y en su tiempo libre** debes intentar que sean capaces de superar los diferentes retos que se les presenten. Procura que reciban la atención necesaria para que así sea y que la dedicación a las diferentes actividades necesarias para su desarrollo sea lo más armónica posible.

✓ En **el día a día de sus relaciones** debes intentar que tengan una buena percepción de su vida social y de su capacidad para relacionarse. Procura que pertenezcan a varios grupos de personas diversas y observa la calidad de sus relaciones.

✓ En **el día a día de sus emociones** debes intentar que perciban que son capaces de regular su estado emocional y de responder a las situaciones que se les presentan a diario. Procura que puedan sentir, sostener su estado emocional y recordar que pueden superar cualquier estado y seguir adelante.

Epílogo

Medalla de oro

El mejor reconocimiento es el que nos hacemos a nosotras mismas cuando aprendemos a querernos. Cuando no dependemos de la aprobación de nadie. Cuando sentimos que merecemos lo que tenemos y lo que podemos conseguir. Cuando nos miramos con cariño y aceptamos lo que vemos. Cuando acariciamos nuestras cicatrices y abrazamos nuestras tristezas antiguas. Cuando nos parecemos más a lo que habíamos soñado de nosotras o cuando hemos convertido lo que somos en ese sueño. Cuando subimos al pódium y obtenemos la medalla de oro es cuando somos capaces de seguir adelante a pesar de las situaciones más dolorosas sin perder la ilusión por vivir. Cuando ponemos todo lo que hemos aprendido al servicio de estar cada día lo mejor posible. Cuando disfrutamos de los momentos que tenemos con nosotras mismas tanto como de los que pasamos con las personas que queremos.

Si acompañas a personas adolescentes en esta etapa tan importante de su vida, ten presente que, para que puedan conseguir su medalla, quererse y tener una vida que les guste, tu intervención debe aportarles perspectiva y tu intención debe ser la retirada silenciosa y progresiva. No es para desaparecer, es una retirada para dejarles espacio y que puedan crecer. Es una retirada a la torre, desde cuya ventana puedes ver el camino que siguen. Desde donde puedes ver la caída. Desde donde las contemplas volver a buscarte para entender la situación, para sentir la calidez del amor incondicional que las ayuda a curar sus heridas.

En el camino de desarrollar una buena autoestima y construir su identidad, tus amivis necesitarán de todo tu amor incondicional y toda tu confianza para escribir su propia historia con pulso firme. Puede que las expectativas te nublen la vista y no te dejen apreciar la belleza de lo que tienes delante. Una belleza natural y humana que se transforma y crece con cada rayo de sol, con cada gota de agua, con cada mirada, con cada palabra. Las mejores vistas de las personas adolescentes de tu vida las tienes delante de ti.

Decir adiós a las expectativas que tenías sobre ellas y abrazar su realidad te aporta la perspectiva suficiente para cuidar y nutrir lo que hay, en lugar de perseguir algo que nunca existió.

No te pierdas la historia de su vida por querer reescribir la historia de la tuya.

Agradecimientos

En primer lugar, quiero dar las gracias a Penguin Random House y en especial a mi editora, Laura Álvarez, por confiar en mí y proponerme escribir este libro que me ha permitido profundizar en un tema tan importante. Gracias por facilitarme el camino para difundir ampliamente la importancia de ayudar a la adolescencia a desarrollar una buena autoestima y favorecer la construcción de su identidad.

En segundo lugar, me gustaría agradecer a mi compañero de vida, Jorge, su paciencia y su apoyo constantes durante todo el proceso. Sin él no hubiera sido posible escribir este libro y hacer frente al resto de mis obligaciones diarias. Su amor me inspira y me anima en los momentos más difíciles.

En tercer lugar, agradezco enormemente el apoyo de mi madre, Mari, que tantas veces ha hecho posible que me sentase a escribir y me ha ayudado a sostener el proceso. Gracias a ella hoy puedo seguir dedicada a mi proyecto.

En cuarto lugar, agradezco los ánimos y las opiniones siempre constructivas de mi hermana Ángela y de mi sobrina Valentina; espero que este libro algún día sea muy útil para ellas.

En quinto lugar, agradezco a mis amistades que de vez en cuando me arrancaran del ordenador para tomar un poco de aire fresco. No es nada fácil hacerlo.

Finalmente, mi mayor agradecimiento es, sin duda, para ti, que estás leyendo este libro, para todas las personas que me leéis y que confiáis en mi experiencia y mis palabras, para todas las que formáis parte de mi comunidad en las redes sociales, que esperáis con ilusión mis libros, que me escribís, asistís a mis conferencias, comentáis mis publicaciones de forma respetuosa, que sois y estáis para las personas adolescentes de vuestra vida. Con vuestra implicación estáis construyendo un mundo mejor para todas. No estáis solas, somos muchas generando transformación. Gracias por caminar a mi lado y hacer que este sueño siga siendo posible. Os quiero.

«Para viajar lejos no hay mejor nave que un libro».
Emily Dickinson

Gracias por tu lectura de este libro.

En **penguinlibros.club** encontrarás las mejores
recomendaciones de lectura.

Únete a nuestra comunidad y viaja con nosotros.

penguinlibros.club

 penguinlibros